就職試験

受かる
小論文・作文模範文例

SYORONBUN SAKUBUN MOHANBUNREI

新星出版社

はじめに

小論文・作文を出題する企業は年々増えています。これは企業側が、試験を受けた学生はどのような人柄なのか、またものの見方や考え方はどうなのかをより多く知ろうとするためです。そこから「この学生は、うちの社の仕事に向いているかどうか」を判断するわけです。

逆に学生にとって小論文・作文は、自分を採用担当者に知ってもらうための自己ＰＲの場。短い面接時間ではうまく伝えきれない自分らしさを、アピールできるチャンスともいえるでしょう。

といっても、決められた字数・時間内で書く小論文・作文で、自分らしさを表現するには、ちょっとしたコツがいります。

そこで本書では、第一章に、試験に受かるための小論文・作文の書き方のテクニックをまとめました。第二章では、そのテクニックを応用した実例文を、あらゆる業界・業種に対応できるよう、できるだけ多く掲載しています。さらに、実際に小論文・作文を書くときに役立つ、発想のヒント、注意ポイントを盛り込みました。

本書で「就職試験の小論文・作文の書き方のコツ」をマスターして、ぜひ就職活動を成功させてください。健闘を祈ります!

※通信内定のマークがついている実例文は、内定を獲得した先輩が実際に書いた「合格論作文」です。

『受かる小論文・作文模範文例』内定を勝ちとる自己アピールのヒント満載!!

目次

第2章　受かる小論文・作文実例集

自己紹介ジャンルの書き方のポイント …… 84

就職ジャンルの書き方のポイント……158

社会情勢ジャンルの書き方のポイント …… 194

本文デザイン／仲田朋未
本文イラスト／上田惣子

第1章

受かる小論文・作文を書くテクニック

Q 「作文・小論文が書けない!!」のはどうして？

Answer

作文・小論文の書き方のルール・コツを知らないだけだ。それがわかれば、誰でも書けるようになる。

「作文・小論文は何を書けばいいのか、さっぱりわからない！」

このように思っている人は少なくないだろう。ましてや、採用試験の作文・小論文となれば、「受かる作文・小論文にするにはどうすればいいのだろう？」「何を書けば採用担当者に気に入ってもらえるのだろう？」など、さまざまな思いが交錯して、ますます「書けない！」という気持ちが強くなるのではないだろうか。

しかし、ここはまず、冷静になろう。

作文・小論文には「書き方」がある。書き方のコツやルールがある。採用試験用の作文・小論文ならではのコツやルールもある。

たとえば英語は、文法と単語をしっかり学べば、誰でもある程度は話せるようになる。料理なら、材料を揃えて、作り方を学べば、誰でもある程度はできるようになる。

これと同じで、作文・小論文も「書き方」さえおさえれば、誰でもある程度は書けるようになるのだ。その後、どれだけ上手に書けるようになるかは、いかに練習を積み重ねるかで、それも英語や料理の上達法と同じだ。

そこで、作文・小論文の書き方のルール・コツを学んでいこう。書き方を身につけて、作文・小論文が書ける人になろう。


最初に知っておいてもらいたいのは、**作文・小論文には「読み手」がいて、「目的」がある、というルールだ。**

基本的にどんな文章にも（日記などの例外は除いて）、必ず読み手がいて、その文章が書かれる目的がある。

たとえば好きな人にメールで告白する場合なら、読み手は「好きな人」で、その文章の目的は、好きという思いを伝えることだ。サークルの連絡メールなら、読み手はサークルのメンバーで、その文章の目的は、連絡事項をしっかり伝えること。研究レポートなら、読み手は教授などで、その文章の目的は研究成果を正確に伝えることだろう。

このように、文章には必ず読み手がいて、目的がある。そして、この読み手と目的を明確にすれば、何を書くべきかが見えてくるのだ。

ひとことアドバイス

作文・小論文は、第１次面接の前の書類選考の時点で課される場合と、一般常識などの筆記試験のあとに、面接と同時に課される場合とに分かれる。

面接では、履歴書・エントリーシートとともに作文・小論文の内容をもとにして質問されることが多い。履歴書やエントリーシートの内容と、作文・小論文の内容が矛盾しないように注意しよう。

Q 採用試験の作文・小論文は何のために書く？

Answer

採用担当者に「この学生なら一度会ってみたい・採用したい」と思ってもらうために書く。


では、採用試験の作文・小論文の読み手は誰で、目的は何だろう？

読み手はもちろん、志望企業の採用担当者だ。

目的はズバリ、選考通過、そして内定獲得だ。**採用担当者に、「この作文・小論文を書いた学生に一度会ってみたい、この学生なら採用したい」と思ってもらえるようにすることだ。**


では、企業の採用担当者はどんな学生なら「一度会ってみたい」と思うのか、どんな学生なら「採用したい」と考えるのだろうか。

その条件は、大きく分けてふたつある。

もっとも大事な条件は、仕事ができそうな人であること。

メーカー、流通、金融、マスコミなど、企業にはさまざまな種類があるが、どの企業も、必ず社会的使命をもち、それを果たしつつ利益をあげることを目的に活動している。利益が出なければ、経営は成り立たない。つまり、企業には戦力となる人材が必要だ。
そこで、企業側は学生に作文・小論文を書かせて、仕事ができそうな人であるかどうかを見極める。ビジネスの現場で必要とされる力は、体力、気力、コミュニケーション力、時間管理力、行動力、問題解決力などさまざまだ。たとえばこれらの力（とくに、今、自社で必要としている力）を応募してきた学生がどれくらいもっているのかを、企業側は作文・小論文を通じて確認しようとするのだ。

企業側が「一度会ってみたい」「採用したい」と思う人のもうひとつの条件は、人柄だ。

どんなビジネスも、人と人のつながりで成り立っている。人が介入しないビジネスはない。会社は、人と人がいっしょに仕事をする共同作業の場だ。

つまり、企業は仕事ができるだけでなく、「いっしょに気持ちよく働ける人」「お客様に気持ちよく対応できそうな人」を求めてもいるのだ。

採用試験の作文・小論文を書く目的は、志望企業の採用担当者に「この作文・小論文を書いた人に会ってみたい、採用したい」と思ってもらえるようにすることだった。これは言葉を変えれば、**採用試験の作文・小論文は、自己PRするために書く、ということでもある。**

どんなテーマを課されたとしても、最終的に仕上がった作文・小論文は、自分を企業に売り込むための自己ＰＲになっているべきなのだ。そしてその自己ＰＲが、「仕事ができそう」「人柄がよさそう」ということが伝わるものになっていればベストだ。

Q 作文と小論文はどこが違う？

Answer
作文は、自分の体験をもとに、自分自身をストレートに語る。
小論文は、テーマを通して自分の意見を主張する。

　ではいよいよ、実際の「書き方」を学んでいこう。

　まずおさえておきたいのは、作文と小論文の違いだ。

　採用試験で課される論作文では、「作文」として出題される場合と、「小論文」として出題される場合とがある。作文を小論文風に書いても問題はないが、小論文を作文風に終わらせてしまっては、減点される可能性が高い。よって、作文と小論文の違いはしっかり頭に入れておきたい。

　結論からいうと、作文と小論文とでは、書くべきことが違う。

　作文は、与えられたテーマを通して、自分についてストレートに語る文章だ。自分が具体的にどのような体験をして、何を感じたか、何を学んだか、何を考えたか、どう成長したかなどを書く。

　出されるテーマも、学生生活、職業に関することが多い。「私の友人」「私の家族」「私の

学生生活」「私のアルバイト体験」「志望動機」など、自分に直結したものが多い。あるいは「水」「影」など、抽象的なテーマが出る場合もあるが、これらを作文で書く場合には、やはり自分につなげて、自分について書くべきだろう。

これに対して**小論文は、テーマについて自分の意見を主張するものだ。**テーマは、政治、経済、国際社会、風俗など社会問題や時事問題に関するものが多い。

過去の例をあげると、「原発稼働の是非」「広島高裁の一票の格差違憲判決について、自分の考えを述べよ」「日本のスキャンダルについてあなたの意見を」などがある。どれも意見が求められていることがわかるだろう。

Q 小論文に盛り込むべきは「自分の意見」。でもそもそも、意見て何？

Answer

小論文における意見とは、主に問題提起と解決策の提案だ。

前項で「小論文はテーマについて自分の意見を主張するもの」と述べた。だが、そもそもこの「意見」とは何だろう？

小論文の課題に限らず「〇〇について、あなたの意見をお聞かせください」とは、よく聞くセリフだ。しかし、いざ聞かれると答えに困ることは少なくない。

それは、そもそも意見とは何かがわからないからだ。「小論文が書けない！」と嘆く人は多いが、その原因の多くはここにある。意見とは何か、がわからないから書けない。何を書いたらいいかわからないのだ。

では、意見とは何か？

小論文における意見とは、基本的に

①**問題提起**……与えられたテーマに関する問題・課題の発見

②解決策の提案……与えられたテーマに関する問題・課題の解決策

のふたつ、と考えていい。

こうやって書くと少しかたいイメージになるが、実はそんなにむずかしいことではない。

問題提起とは、「いま、社会でこういう問題が起きていますよね？」「いまの世の中、こういうところが問題だと思いますが、どうですか？」などと、問題を投げかけることだ。

解決策の提案とは、「この問題に対し、こういうことをしたらいいのでは？」「こうすれば解決の方向に進むのでは？」などと、自分なりの解決方法を示すこと。

Answer

意見とは、テーマに対する知識ではないことも覚えておこう。

この問題提起と解決策の提案は、案外、私たちは日常で行っている。

たとえば小学校時代の学級会を思い出してみよう。

あるときの学級会のテーマは、「教室のそうじについて」だったとしよう。

その学校では、給食のあとにクラス全員で教室のそうじをすることになっている。ところが最近、ふまじめな児童が何人かいて、そうじをきちんとやらない。この問題を解決するためにクラスで話し合いたいという意見が出て、学級会が開かれたとしよう。

まず議長は、「この問題について意見がある人は、手をあげて言ってください」と言う。

この場合、クラスのみんなが話し合うべきことは、どうしたらこの問題を解決できるかだ。

つまり、議長が求める意見とは、問題の解決方法だ。

「各自が責任感をもつよう、当番制にしてはどうか」「まじめにやらなかった人は表にチェックを入れるようにしては？　そうすれば反省するようになる」などの意見が出たとしよう。

すべての意見が出たら、次はどの解決策をとるかを決めていく。

議長はクラスのみんなに、各解決策に対する意見を求めるだろう。このときの意見とは、解決策に対する賛成意見、または反対意見だ。賛成・反対を述べる人は、その理由も述べることになる。

そして、最終的にいちばん効果的な解決策はどれかを決めて、学級会は終わりになる。


ここで、学級会で出てきた「意見」を整理してみよう。
・「最近、まじめにそうじをやらない人が増えてきている」……**①問題提起**
・「各自が責任をもつよう、当番制にしてはどうか」「まじめにやらなかった人は表にチェックを入れるようにしては？　そうすれば反省するようになる」……**②解決策の提案**
・解決策に対する賛成意見・反対意見　……**③賛成意見・④反対意見**
学級会で出てきた意見は、この4種類だ。

そして小論文で扱う意見も、ほぼこの4つと考えていい。小論文の場合、基本は①問題提起と②解決策の提案で、テーマによっては③賛成意見、④反対意見も述べることになる。

ちなみに、何かモノを買うと、パッケージに「商品についてあなたのご意見をお聞かせください」というコピーが印刷されている場合がよくある。これも基本的には、「この商品の問題点があったら教えてください。できれば、どうしたらその問題は解決できるかも教えてください」という意味だ。ここでも求められているのは、問題提起と解決策の提案なのだ。

また、もうひとつ覚えておきたいのが、小論文で求められているのは知識ではない、ということ。たとえば「格差社会」というテーマが出されたとすると、「格差社会とは、収入の違いによって〜」などと、テーマに関する知識を羅列してしまう人がいる。**だが、小論文を課す企業は、学生がどれくらいの知識をもっているかを知ろうとしているわけではないのだ。**その人らしい意見を知りたいと思っている。このこともしっかり頭に入れておこう。

Q 与えられたテーマは、どのように考えればいい？（小論文編）

〜課題が与えられてから書き上げるまでのコツ　STEP1〜

Answer

テーマに対する問題と解決策を見つけよう。

ここからは、実際にテーマを課されてから書き上げるまでの流れに沿って説明していこう。

大学入試の小論文では、課題文が与えられ、それについて論じることが多いが、採用試験の作文・小論文では、テーマ（課題）だけが与えられ、それについて書くのが一般的だ。

テーマのとらえ方は、作文と小論文とでは違う。

まずは、小論文のテーマのとらえ方を見ていくことにしよう。

小論文で課されるテーマは、社会問題や時事問題に関するものが多い。最近の例をあげると「10年後の日本」「エネルギー問題」「格差社会」「ヘイトスピーチ」などがある。

さて、これらのテーマについてどう書いていったらいいだろう？

「小論文とは、テーマについて自分の意見を主張するものだ」とは、すでに述べた。また、小論文で求められる意見とは、基本的にテーマに対する①問題提起と②解決策の提案だ、とも述べた。

これに従うと、たとえばテーマが「格差社会」なら、格差社会に関する問題提起、解決策の提案を書くことになる。

しかし、これではまだ書くべきことは見えてこないだろう。「格差社会に関する問題提起って何？」「格差社会に対する解決策の提案ってどういうこと？」などの疑問が浮かんでくるはずだ。

そこでやるべきなのが、**問題とその解決策の発見だ。テーマに関して、いま、社会でどんな問題が起きているのかを見つけ、解決策を探る。**テーマが格差社会なら、いま、格差社会に関して具体的にどのような問題が起きているのか、それをどのようにすれば解決できるのか（あるいは解決に近づけられるのか）を考えるのだ。

Answer

テーマに関する小さな問題点を探す。できれば身近に起きている問題がベストだ。

テーマに関する問題点を見つけるときのポイントは、**できるだけ小さな問題点を探すようにすること。**

そもそも小論文のテーマは、それ自体が大きな問題となっている場合が多い。「格差社会」も日本の大きな社会問題のひとつだ。大きな問題を真正面から論じようとすると、「格差社会は日本でも拡大し、社会にひずみを……」などと、一般論や抽象論で終わる文章になってしまいがちだ。また、格差社会という大問題を一気に解決する方法を探るのも困難だ。

そこで、**大きな問題から小さな問題へと、問題を小さく絞り込んでいくようにする。**たとえば格差社会なら、非正規社員やフリーターの拡大、親の収入によって子どもの教育に差が出る教育格差の問題、都市と地域の格差問題など、いくつもの問題が含まれている。このような個々の問題を探っていくようにするのだ。

問題をできるだけ小さくしていったら、次は、**自分の身近な場所にその問題が転がっていないかを探してみよう。**小論文でとりあげる問題は、身近に起きた（あるいは起きている）問題がベストだ。問題が小さければ小さいほど、また具体的であるほど解決策は見つけやすくなるし、自分の体験が絡んでいると論文全体の説得力も増す。

このように、**テーマに関する身近な問題を発見し、その解決策を提案する。**実はこれが、小論文の書き方の基本なのだ。

Answer

賛成・反対意見を書くときにも、問題点とその解決策を探すこと。

ところで、テーマのなかには「原発稼働の是非」などのように、テーマに対して賛成か反対かを聞かれる場合がある。

この場合、まず自分が賛成・反対のどちらの立場をとるのか、またその理由を明確に書く。この後は、実は先程と同じで、問題を発見し、その解決策を提案していく。**探すべき問題は、自分の立場の問題点だ。**

たとえば原発稼働に賛成の立場をとる、としよう。原発を稼働させれば核のゴミをどうするか、事故が起きた場合の地域住民の避難場所・避難経路等をどう確保するかなどの問題が起きる。原発稼働に反対の立場をとっても、これまで原発関連の交付金を頼りにしてきた財政難の自治体をどう救うか、などの問題が起きる。

たとえばこのように、与えられたテーマに関して賛成・反対どちらの立場をとっても、おそらくそこには必ず何か問題が潜んでいる。それを発見し、その解決策を提案していくのだ。

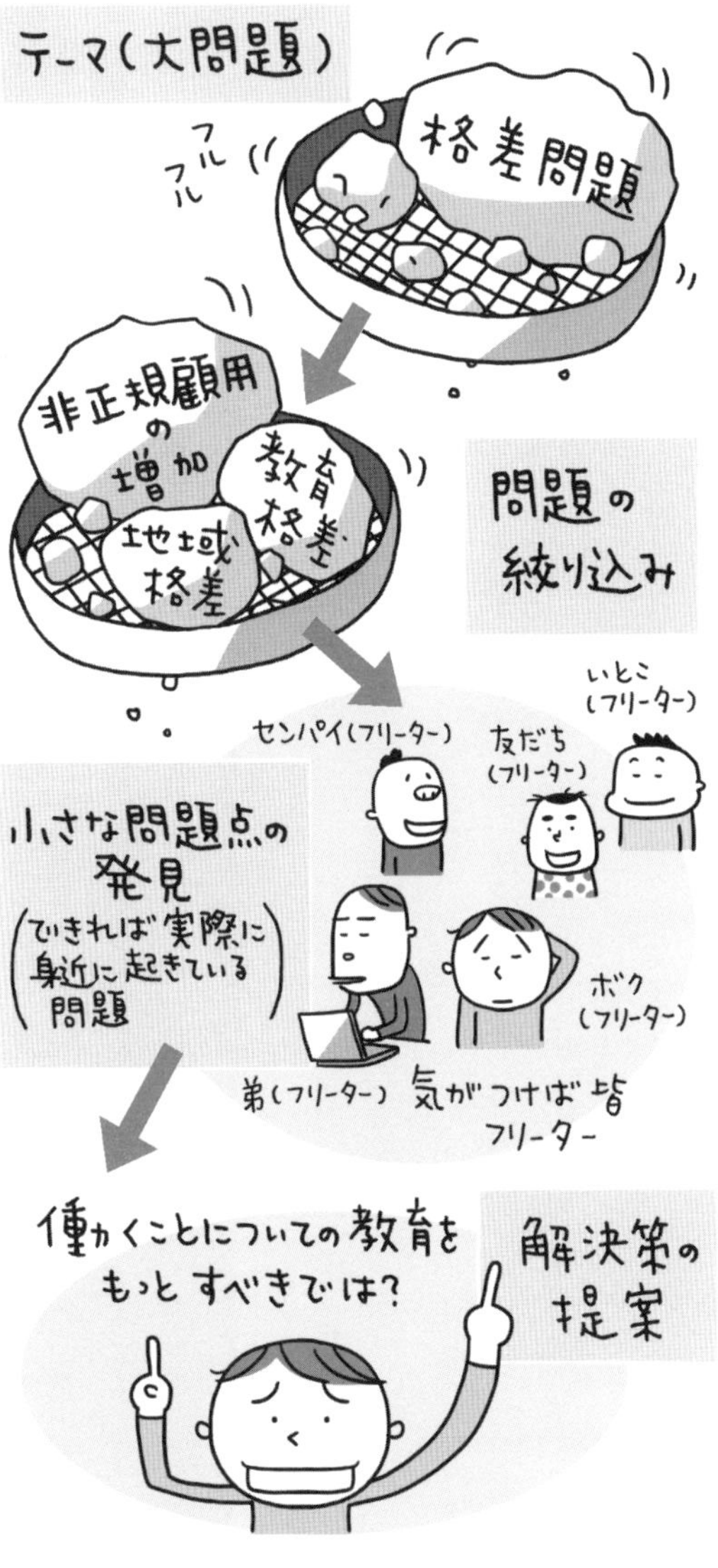

Q 与えられたテーマは、どのように考えればいい？（作文編）

Answer

作文のテーマは、自分に直結させて考える。

作文は与えられたテーマを通して自分についてストレートに語る文章だ、とはすでに述べた。また、結果的に「私は仕事ができる人間です。他の社員と気持ちよく仕事ができる人間です」ということが伝わるような自己PRにすべきだ、とも述べた。

つまり、採用試験における作文とは、「私」について書くもの。よって、作文で与えられたテーマは自分に直結させて、書く内容を考えよう。

Answer

抽象的なテーマは、まず「自分にとっての……」と考えてみよう。

「友情」「道」「個性」「空気」「旅」。これらはすべて、過去に実際に出題されたテーマだ。抽象的なテーマは、マスコミ業界で出される頻度が高いが他の業界でも稀に出題される。

抽象的なテーマも自分につなげて考えればいい。たとえば「自分にとっての○○」などと考えてみる。たとえば「友情」なら、「自分にとっての友情」と考える。「自分にはかけがえのない親友がひとりいる。彼とのつき合いのなかで、自分はこんなことを学んだ……」など、具体的なエピソードが浮かんでくるはずだ。

「自分にとっての○○」と考えてもよい内容が浮かんでこなかったら、ほかの言葉と結びつけてみる、という方法もある。たとえば「民主主義」というテーマなら、「民主主義とサークル活動」「民主主義と家族」「民主主義と映画」など、身近な分野の言葉、自分の得意ジャンルの言葉などと結びつけてみるのだ。そうすることで発想が広がる。

Q 作文・小論文には何を書けばいい？①
～課題が与えられてから書き上げるまでのコツ　STEP2～

Answer

採用担当者に「会ってみたい」「採用したい」と思わせる自己PRを書く。

テーマのとらえ方をおさえたら、次は書く内容について考えていこう。

先程も述べたが、**採用試験の作文・小論文を書く目的は「自己PRをするため」**だ。採用担当者に「私は御社で活躍できる人間です、また他の社員といっしょに気持ちよく仕事ができる人柄です」ということをアピールするために書く。

ただし、作文と小論文とでは、アピールの方向が少し違うので注意しよう。

採用試験で作文を書かせる企業は、主に、応募者の人柄を見ようとしている。どのような性格で、どのような特徴をもっているのかを知ろうとする。

一方、小論文を書かせる企業は、応募者の、社会問題への関心の高さや洞察力、着眼点などを見ようとする。

つまり作文では、最低限、自分が企業にとってメリットのある人柄の持ち主であることをアピールする必要がある。論文では、社会問題への関心、洞察力などがあることをアピールしなくてはならないのだ。

といっても、これをそのままストレートに作文・小論文に書けばいい、ということではない。「私は御社にとってメリットのある人間です」「私は鋭い洞察力があります」などと書いても説得力はない。

たとえば、ある店で店員に「私は正直者で、嘘はつかないよい人間ですよ。だから私がおすすめするモノを買って損はありませんよ」などと言われたらどう思うだろう？

きっと誰もが「怪しい店員だな」と思うだろう。それはその店員が正直者だという根拠・理由が何も示されていないからだ。

作文・小論文もこれと同じで、たとえば人柄がよいことをアピールする際に「私の人柄はよいです」とストレートに書いても、誰にも信用してもらえないのだ。

では、どうしたらいいだろう？

小論文の場合は、先程述べた問題提起とその解決策の提案を具体的に書くことで、自己PRになる。間接的に、社会問題に関心があることや、鋭い洞察力があることなどが伝わる。

作文の場合は、具体的な体験と自分の意見を盛り込むのがポイントだ。

Q 作文・小論文には何を書けばいい？②

Answer

具体的な体験と意見を盛り込もう。そうすることで「自分らしさ」が出る。

どんな作文・小論文を書けば、採用担当者に「会ってみたい」「採用したい」と思われるのだろうか。

それはズバリ、**その人らしさが出ている作文・小論文だ。**

当たり障りのない書き方をしているもの、誰でも書けてしまうような抽象的な書き方をしている作文・小論文に、採用担当者は魅力を感じない。

よって、作文・小論文は「自分らしさ」が出るものにしよう。

では、「自分らしさ」はどうすれば書けるのだろう？

小論文の場合は、問題提起と解決策の提案の中身で個性を出せる。テーマに対する問題の切り取り方（自分の身近なところで、いかにテーマに沿った小さな問題を見つけられるか、どう着目するかなど）と解決策の中身でオリジナリティを発揮できる。

作文の場合は、先程も簡単に触れたが、**具体的な体験と自分の意見を盛り込むのがポイントだ。**

なぜなら、**人の個性というのは、行動や考え方に表れるものだからだ。同じ状況でも、どう行動するか、どう考えるかは人によって違う。**

たとえば、アルバイト先で店長に怒られた、という状況があるとしよう。

店長の言葉にカッときてアルバイトを辞めてしまう人もいれば、反省して、明日からの仕事に店長の言葉を生かす人もいる。アルバイト仲間に愚痴って終わる人もいるし、「いつものことだから」と考えて気にしない人もいるだろう。

このように、同じ状況でも、その状況をどう受け止め、どう行動し、どう考えるかは人によってさまざまなのだ。

よって、**具体的にどのような状況でどう行動したか、何を考えたか、何を感じたか、要は、具体的な体験と自分の意見を書けば「自分らしさ」は出る。**

逆にいえば、採用担当者に「会ってみたい」と思わせる作文にするには、必ず、具体的な体験とそこから生まれた自分の意見を盛り込む必要があるのだ。

Q 作文・小論文には何を書けばいい？③

Answer
具体的な体験をもとにして生まれた意見を書く。具体例を見てみよう。

作文は、具体的な体験と自分の意見を盛り込むべき、とはすでに述べた。では実際に、それをどう表現していけばいいのだろう。これがうまくできているA君の作文を見てみよう。

この作文の課題は「インターネットについて」だった。このテーマに対して、A君は、自分のインターネット体験を具体的に説明し、そこで得た自分の意見を述べている。

具体的な体験は、「ハビタット」と呼ばれる仮想都市に入り、ある人とケンカしたことで、自分の意見は、「インターネットは小さな独裁者を生む危険がある」ということだ。

具体的な体験が、自分の意見（主張）に説得力をもたせているのだ。

これがもし、「インターネットは小さな独裁者

……………（略）

私はインターネットでさまざまなフォーラムに入る。サッカー、政治、コンピュータ、就職、釣り等々のフォーラムで自分の意見を述べる。

経験

そのひとつが「ハビタット」と呼ばれる仮想都市だ。

しかし、私はあるとき、このヴァーチャル世界である人とけんかをした。（略）ネット世界でのルールについて議論しているうちに、その人と私の意見は真っ向から対立してしまったのだ。それ以後、その人は私との会話を拒絶し、私からのアクセスができないようにぷつりと切断し、二度と議論に応じることがなかった。

意見

私はこのことから、ネットの世界の気まずさを感じた。現実世界とは異なり、仮想世界では、自分の好きな情報、自分にとって都合のよい情報や人間とのネットワークが強くなり、逆に自分の興味のない情報や意見からは疎遠になっていく。そういう危険があるのではないだろうか。

現実世界では、私たちは一見自分には関係のない、嫌いな情報からも何かを学ぶことがある。インターネットは、ひとりよがりの「小さな独裁者」を生む危険がある。


を生む危険がある」という意見部分だけを書いたらどうなるか。採点者は「どうして？　その根拠は？　理由は？」と疑問をもつだろう。

逆に「インターネットのフォーラムである人とけんかをした」という経験談で終わってしまえば、採点者は「それがどうしたの？」と思うだけで終わってしまう。

つまり、具体的な経験のエピソードも、そこから得た自分の意見も、両者が揃ってこそ生きてくる。

これを簡単な図式にすると次のようになる。

①
私は△△△△という経験をした。

そこから、◇◇◇◇◇を学んだ。

②
私は◇◇◇◇◇と考える。

なぜなら△△△△という経験があるからだ。


B君の作文は①のパターンだ。②のように逆にすることもできる。作文（小論文）には、このふたつ（「意見」と「経験」）が絶対に欠かせないのだ。

Q 業界・企業が学生に求めるタイプは意識するべき？

Answer 業界・企業が求めるタイプを把握しておくことは大事。

作文・小論文を書くときに考慮したいのが、志望企業・業界が求める人物のタイプだ。

学生に求めるタイプは、企業・業界によってさまざまだ。明るく活発な人を求める企業もあれば、明るさよりも誠実さ・謙虚さを求める企業もある。

たとえば金融業界では、お客様の財産を扱うこともあり、誠実な人、謙虚な人、信頼感を得られる人を求める傾向にある。また、コミュニケーション力が備わっているかどうかも重要視される。

たとえば金融業界で作文・小論文を課せられたとき、これらとはまったく違う自分（たとえば活発であることのみをアピールしたもの）について書いても、それは自己PRにならない。相手が望むタイプをまるっきり無視しては、よい作文・小論文にはならないのだ。

よって、作文・小論文で書く内容を決めるときには、志望企業・業界が求める人物のタイプを考慮し、できればそことマッチする自分の部分を探そう。

Answer

企業・業界が求めるタイプを意識するのは大事。だが、書くべきは等身大の自分。

といっても、これは業界・企業が求めるタイプに自分を合わせる、ということではない。A社が誠実な人を求めているからといって強引に誠実な自分を作り出し、B社が活発な人を求めているからといって強引に活発な自分を作り出し、それを作文にしても、自分の本当のよさは伝わらない。

書くべきは、あくまで等身大の自分だ。等身大の自分の中に、志望企業・業界で生かせる部分はないかを探っていく。**等身大の自分の中から、ビジネスの現場で生かせる力を掘り起こす。そして、それを書くのだ。**

つまり、作文・小論文を書くときには徹底した自己分析と企業・業界研究が欠かせない。自己分析で、自分のなかにあるビジネスの現場で生かせる力（コミュニケーション力、時間管理力、協調性、責任感、マネージメント力、プレゼンテーション力など）を掘り起こしたら、次は、志望企業が求める人物のタイプとつき合わせる。

そして志望企業が求めるタイプが、自分の中に見つかったら、それを具体的に書く。たとえば企業が求める活発さを自分の中に見つけたら、その活発な自分を証明する具体的な体験（エピソード）と意見を作文に盛り込むのだ。

Q 作文に具体的な体験、自分の意見を盛り込むって、どういうこと？

Answer

模範文例を読んでみよう。

まずは左ページの作文を読んでみよう。これを読んで、**作文に具体的な体験、自分の意見を盛り込むとはどういうことか、そしてそれが自己ＰＲになるようにする、とはどういうことかをつかんでほしい。**この作文のテーマは、「社会人としていかに仕事に取り組むか」だ。

この作文の書き手は、秋の芸術祭書道部門に出品した体験を具体的に書いている。そしてこの体験を経て、「仕事のプロというのは、自分で何かをつくりだしていくものなのではないか」と気づく。これが書き手の意見だ。また、直接は書いていないが、そこには「自分もそういう社会人になりたい」というメッセージも伝わってくる。これは、タイトルに対する答えになっている。

さらに、この作文では全体から、書き手がコツコツ努力するタイプの人であること、粘り強い人であることが伝わり、自己ＰＲにもなっている。これが伝わるのは、書き手が中学まで習字教室に通い、その後、書道の先生に入門した経験を具体的に語っているからだ。

テーマ　社会人としていかに仕事に取り組むか

「よし、これなら十分、賞をねらえるぞ。まぁがんばって書いてみろ」

先生が満足そうに筆を置いた。秋の芸術祭書道部門の手本を書いていただいた時のことだ。私は「またか……」と内心思いながら頷いた。

習字を習い始めてかなりの年月になる。最初はただ書いて楽しいと思うものだった。それが、賞を目指すといったように様々な思いの混じるものに変わった。高校に入学し、佐藤平泉先生の門戸をたたいてからのことである。中学生までは近所のお習字教室で習っていた。稽古は休んだことがない。地道にがんばっていたらいつの間にか級が進み、上達していた。一緒に始めた友人達はいつの間にか皆やめていく。最初に三十人もいた同級生は、中三になると私を含めてふたりになっていた。

そこの教室は中学までしか教えておらず、平泉先生を紹介していただいた。地道な努力を形に残すことを続けたかったのだ。

入門して、まず今まで書いたものを見ていただいた。「ふーん」感情のこもらない声で先生は言い、襖の大きさの紙を広げ四行五十字程の字を書いた。それが私の初めて渡された手本だった。作品締め切り一週間前は地獄だった。それまでいいぞと誉めていた先生が豹変する。「一体どうしてこんな線になるんだ。手本を見ろ」。どうしてこんなに言われるのだろう。ほとんど眠らず練習しても、先生の声は苛立つ一方である。泣きながら書くこともままあった。そうして締切日を迎えた。情けない気持ちで出品したが、結果は最優秀賞。先生が初めて笑顔を見せた。「おめでとう」。やめようと思っていたのに、不思議と書道が好きになっていた。苦しいが、習字のように字を習うだけでなく、自分で作品をつくることが書道なのだと気づいたからだ。

これから社会人になる私。「職業人」というのはこういうことをいうのだろう。最近なんとなくわかってきた。

Q 自分の経験を作文・小論文に生かすにはどうしたらいい？

Answer
「変わった経験」でなくてかまわない。大事なのは経験の受け止め方だ。

「作文・小論文には自分の経験を盛り込む」と何度も書いてきた。ところがここに、誤解しやすいポイントがふたつある。

そのひとつが、「作文・小論文に書く経験は、人とは違った、変わったものでなければいけない」という思い込みだ。

「いままでの自分を振り返っても、変わった経験はないしな……」などと思っていないだろうか。

企業は「突飛な経験をした人」を求めているわけではないのだ。そもそも学業が本分の学生に、企業は変わった経験を期待してはいない。経験そのものは、日常の中の些細なことでかまわないのだ。ゼミでのこと、サークルでのこと、アルバイト先でのこと、誰もが経験していることでいい。大事なのはその経験をどう受け止めるか、なのである。その受け止め方に「人とは変わった自分らしさ」が出ていればいいのだ。

Answer

経験そのものを書くのではなく、経験を材料にして自分について書くのだ。

誤解しやすいポイントのふたつめが、「経験そのものを書けばいい」というわけではないこと。

ある学生が「旅」というテーマの作文を書いた。「大学三年の夏休みの一カ月間、ひとりでインドを旅行した」と書き出し、いつ、どこに何日間滞在した、誰と会った、何を食べたと、旅行の行程や出来事を淡々と綴った。そして最後にひとこと、「貴重な経験をして、人間的にひと回り成長した」と書いて締めくくったのだ。

この学生は、インドでのひとり旅を語ることによって、自分の勇気のあるところを見てほしい、好奇心の旺盛さをわかってほしい、と考えたのだろう。だが採点者にしてみれば、「それでどうしたの？」が本音である。経験談をただ書き連ねるのは、友達同士の「おしゃべり」と同じだ。あるいは「自己陶酔型の作文」と判断されてしまう。旅をして人間的に成長したのなら、どのような出来事によって、どのように成長したのか、そこに重点を置いて書かなければならない。**作文（小論文）は、経験をそのまま書くものではない。経験を材料にして自分について語るものなのだ。**

つまり、「自分に何か変化を起こした経験」「自分が何かを発見した経験」「自分にとって何かを考えるきっかけとなった経験」「自分が新しい行動を起こすきっかけとなった経験」などを探していけばいいのだ。

Q 作文・小論文には、自分の経験なら、どんなものでも使っていい？

Answer

恋愛、宗教、高校以前のネタは使わないほうがいい。

作文・小論文は、自分の実際の経験を材料にするのがベストだ。とはいえ、自分が経験したことでも、使わないほうがいい材料がある。それは次の三つだ。

幼少期から高校生までのネタ……企業は、現在の学生がどのような人物かを知りたがっている。高校生までの話題で書こうとすると、どうしても、その時点までの自分の姿しか書けない。現在の自分はもっと成長しているはずだ。そのことがうまく採点者に伝わりにくくなってしまう。とくに、大学受験（浪人時代）のネタの使い方には要注意だ。受験時代がこれまででもっとも辛かった時期、多くを学んだ時期と考える学生は多い。事実大変な時期だったと思う。だが、受験では誰もが同じような苦しみを経てきているわけである。そこで自分らしさを出そうとするのはなかなか難しいのだ。

恋愛ネタ……これは文章の内容が個人的なものになりすぎてしまう。日記などは別だが、基本的に文章は、書き手と読み手のコミュニケーションの手段である。とくに、作文・小論文の試験では、書いた内容が、採点者の理解と共感を得るようなものでなければならない。ところが恋愛ネタでは、話題はどうしても出会い、別れ、デートの思い出など、極めてプライベートなことになる。読み手は、「そう、よかったね」以上の思いを抱くことができないのだ。

宗教・信仰ネタ……もちろん宗教・信仰そのものが悪いというわけではない。客観的な自分の意見を述べるならいいだろう。テーマとの関連で、どうしても触れなくてはならないときもある。しかし、作文・小論文では、自分が信仰する宗教についてはあまり書かないほうがいい。宗教は、信仰する者にとっては絶対的なものだ。第三者が口を挟む余地はない。採点者が評価できるものでもない。採点者が評価してこそ合格となる採用試験の作文・小論文には、なじまない話題なのである。

Q 構成はどうやって立てたらいい？
～課題が与えられてから書き上げるまでのコツ　STEP3～

Answer

構成は、自分の主張がうまく読み手に伝わるかどうかを頭に入れて練る。

作文・小論文を書くのに与えられる時間は、八〇〇字で六〇分、一二〇〇字で九〇分というのが平均的なところだ。制限時間があるから、つい焦って、始まりの合図とともに書きはじめる人がいる。しかしいきなり思いつくままに書いたのでは、話があちこちに飛び、論理的な文章にはならない。途中で書くことがなくなったり、先に進めなくなってしまうことにもなるだろう。

こうした失敗を防ぎ、スジの通った論理的な文章を書くためには、あらかじめ構成を練っておく必要がある。

そこで、構成の立て方を頭に入れておこう。

構成は次の順番で考えていくといい。

①【テーマに対して書けそうなことを洗い出す】

構成を立てるときに、まず取り組むべきなのは、与えられたテーマに対して何が書けるかをあらゆる方面から考えること。

たとえばテーマが「私のアルバイト体験」だったら、これまでのアルバイト経験のなかで、作文に書けそうなネタを思い出す。

このとき忘れてはならないのが、作文・小論文の目的だ。採用試験の作文・小論文の内容は、企業に対する自己ＰＲになっていなくてはならない。つまり、同じアルバイト経験のなかでも**自己ＰＲにつながるような事柄を思い出す必要がある**のだ。どんなにおもしろい経験や風変わりな経験であっても、その内容が自己ＰＲになっていなければ書く意味がない。

書けそうなネタがいくつか見つかったら、志望企業・業界が求める人物像も考慮して、どれを書くかを絞り込んでいこう。

②【主題をはっきりさせる】

書けなそうなことが見えてきたら、次は「この作文・小論文で、自分がもっとも伝えたいのは何か」をハッキリさせよう。

要は、自分の主張を明確にする。主張とは、自分の意見だ。

作文・小論文に盛り込む主張は、基本的にひとつだ。そして作文・小論文は、この主張を読み手に伝えるために書くのだ。

構成を立てることは、どうしたらこのひとつの主張（自分がもっとも伝えたいこと）が読み手に伝わるかを考えることでもある。

③【主張の根拠となる具体的な体験を思い出す】

次に、その主張を読み手にわかってもらうためには、どのような材料をどのような順序で書けばいいかを考える。

ここで欠かせないのが、具体的な体験だ。自分の主張（意見）に説得力をもたせるためには、ぜひとも具体的な体験、エピソードを盛り込もう。

作文・小論文は、「（自分は）こう思う」「（自分は）こう考える」「（自分は）こういうことに気づいた」など自分の主張を訴えるために書く。その主張の根拠になる具体的な体験を盛り込むのだ。

このようにして、実際に原稿用紙に書く前に、文章全体の大まかな流れを決めておこう。こうすることで、実際の執筆がスムーズに進むはずだ。

実際の構成立ての順序

1

与えられたテーマに対して何が書けるかを、あらゆる方面から考える。その中から自分がもっとも主張したいことを選び出す。

2

その主張に説得力をつけるための材料を選び出す。実際に使えるかどうかは別にして、思いつくままにどんどんメモしていく。

3

これ以上思いつかない、というところまできたら、使えるメモと使えないメモを整理する。使えないメモというのは、論旨（自分が主張したいこと）に関係のない余分な話題のことだ。話題をたくさん詰め込んでも、文章の内容は豊かにならない。かえって、何を言いたいかわからない文章になってしまう可能性が高い。

4

自分の主張がもっともうまく読み手に伝わる順番を考える。

与えられた制限時間が60分なら、だいたい15分は構成に充てていい。

Answer

構成のもっとも基本の型、「序論・本論・結論」を覚えておこう。

構成というとすぐに思いつくのが「起・承・転・結」だが、これにはこだわる必要はない。構成は人それぞれ自由に立ててかまわない。特別な決まりはないのだ。しかし「どうしたらいいかまるで見当がつかない」という人は、次の「序論・本論・結論」の基本の型を覚えておくと便利だ。

ひとことアドバイス

序論・本論・結論の各部分に割り当てる原稿の量は、序論15％、本論70～80％、結論10％を目安にする。

全体が800字なら、120字・600字・80字前後の割合だ。

基本の構成パターン「序論・本論・結論」の組み立て

	ポイント	例（テーマ／教育について）
序論	◇これから何について、どのような方向性で書くかということを示す。 ◇問題提起型の場合は、ここで問題を提起しておく。	子どものころは、人前で自分のことを褒められるのが大嫌いだった。だが、いまの学校教育では子どもを褒める機会が極端に少ないのではないだろうか。

本論	結論
◇序論を受けて、その内容を掘り下げ、発展させる。 ◇問題提起型の場合には、ここで自分はどのような立場をとるのかを明確にしておく。 ◇自分の考えや主張を裏付ける具体的な経験、事例、証拠などはここで述べる。	◇本論で展開したことをまとめて、自分の意見を力強く主張する。
いまの学校教育は、子どもの不得意な部分を伸ばす努力はするが、得意なところをさらに伸ばすようなことはしない。子どもは褒められる機会がない。 人前で褒められることは嫌いだったが、褒められることによって私は自分に「自信」をもつことができた。自分の存在を認められているような気持ちにもなった。 少年たちが犯す罪は、自分の存在を認めてほしいという心の叫びなのではないだろうか。	少年たちがもっと褒められる機会をもっていれば、彼らは犯罪という形ではないやり方で、自分の存在を主張できたのではないか。

Q 基本型以外の構成の立て方は？

Answer

基本の型にとらわれず、訴えたいことから書くのもひとつの方法だ。

「序論・本論・結論」にこだわらずに、**自分がもっとも言いたいこと（結論）から書きはじめてもかまわない**。そしてそのあとで、そう考える根拠（具体的な経験）、裏付け（データ）などを述べていけばいいのだ。

これを推理小説の犯人探しで考えるなら、まず刑事は「犯人はAだ」と言ってしまう。そのあとで、どうして犯人はAなのかという根拠を述べていくパターンとなる。

「序論・本論・結論」型は、この逆だ。Bさんには犯行時にアリバイがある、だからBさんは犯人でない。Cさんとも違う。その点、Aは被害者に恨みがある。犯行に使われた凶器からは指紋も出ている。アリバイもない。だから「犯人はAだ」となる。

推理小説なら、後者のほうが読み手はハラハラドキドキするだろう。だが採用試験の作文・小論文の場合、採点者は途中で「だから結局何が言いたいんだ」とイライラしてしまいかねない。つまり、結論をあとにもっていく構成は、場合によっては内容がもたついてしまうことがあるのだ。

そこを最初からズバリ言いたいことを出していけば、読み手に強い印象を与える書き出しになる。とくに採用試験の作文・小論文では、効果的な場合が多いのだ。

Answer 時間の流れを、無視したほうがよい場合もある。

構成を立てるとき、**書きたいことを時間の経過どおりに並べる必要はない**。むしろ、時間の流れを無視したほうが、説得力のある文章になる場合がある。

たとえば、ゼミ合宿の夜に、ふとんの中で友人と話し込んだことを書くとしよう。時間の経過どおりに書くと、「ゼミのメンバーは、朝七時に東京駅に集合して、伊豆半島の下田に向かった。下田では、二泊三日のゼミ合宿が行われた。二日目の夜、私は、ふとんの中である友人と話を始めた。話の内容は……」となってしまう。これでは小学生の作文だ。読み手にもたついた印象を与えるし、結局何を言いたいのかさっぱりわからない。

そこで余計なことはいっさい省いて、「ゼミ合宿の夜、ある友人と話したことが忘れられない」と始める。いきなり核心に入る。何を書こうとしているのか、読み手にもすぐわかるいい作文・小論文になる。

ひとことアドバイス

実際に原稿用紙に書きはじめたあとで、新しいアイディアが思い浮かぶことがある。しかし時間制限があるときには、構成メモのほうを重視しよう。新しいアイディアを途中から入れ込むと、話が脇道にそれる可能性が高いからだ。

Q 原稿用紙の基本的な使い方は？

文字は、楷書で丁寧に書く。「冂」「㐧」など略字は使わない。

原則として！（感嘆符）や？（疑問符）は使わない。つけないと紛らわしいなど、どうしても必要なときでも使うのは一回に抑えよう。

名前は、タイトルと一行あけて四行目に書く。姓と名の間は一マスあけて、行末は一マスか二マス残す。

タイトルは、二行目に三マスか四マスあけて書く。

本文は、名前と一行あけて六行目から書き始める。

書き出しは、一マスあけて二マス目から書く。

文字数は、本文を書きはじめたところから数える。タイトルや名前は含まない。与えられた字数が八〇〇字なら、四〇〇字詰原稿用紙の場合、三枚目五行目まで書くことになる。

（原稿用紙の例）

私の本棚

新星　花子

私の部屋には、木製の大きな本棚がある。友達からもらったお土産なども置いてあるが、七段もある棚にはぎっしり本がつまっている。

本の題名、映画のタイトル、音楽の曲目などは『』（二重括弧）でくくるのが普通。

改行して段落を変えるときは、一マスあけて二マス目から書く。段落が括弧で始まるときも、一マスあける。括弧の場合、一マス目から書くスタイルもあるが、基本は一マスあけて書きはじめる。

この本棚には、これまで読んできた本のなか
でもとくに私が気に入ったものだけを並べる
ようにしている。棚が下になっていくにつれ
て時代も遡るのだ。
　『怪盗ルパン』『坊ちゃん』『人生ノート』
『時をかける少女』……。いちばん下の棚に
並んでいるこれらの本は、中学生のころに心
をときめかせて読んだ。
　この本棚を見ていると、私の思考活動の地
層の断面を見ているような気になってくる。

句読点、閉じ括弧は行の頭にもってこない。前の行の行末の文字と同じマスに入れるか、マスの下に書く。

句読点、括弧は、一字分として一マス使って書く。

「……」「——」は二マス使うのが普通。

誤字・脱字の修正は、消して書き直す。どうしても時間がないときは、棒線で消して、その横に書き改める。文字を挿入するときには、挿入する場所がわかるように印をつける。ただしこれは減点の対象になることもある。できるだけ避けるようにしたい。

Q 作文・小論文を書くときに、最低限守らなければいけないことは？

Answer

具体的に表現すること。作文・小論文を書くときの絶対の心得だ。

これまで何度か述べてきたが、作文・小論文を書くときに、まず**頭にしっかり入れておくべきなのが、「具体的に書く」ということ**だ。

とくに作文では、抽象的な表現を使いがちだ。「私は何事にも好奇心旺盛です」「私には何でもやってやろうというチャレンジ精神があります」「私は凝り性です」「世の中は悪い方向へ進んでいる」「環境が悪化し……」

これらはすべて抽象的な表現だ。読んでも具体的な人間像が浮かんでこない。「凝り性であること」をアピールするのなら、それを示す実際の体験や出来事（たとえば全国の駅弁を食べるために夏休みや冬休みには必ず鈍行で地方に出掛ける。これまでに食べた駅弁の種類は一二〇種類だ、などのように）を盛り込むのだ。

世の中が悪い方向へ進んでいることも、具体的な現象や事件を挙げる必要がある。抽象的な文章は、採点者をがっくりさせると思っていたほうがいいだろう。

Answer

一文はなるべく短くする。
長い文はテンポが悪く、読みにくい。

ひとつの文は、できるだけ短くおさめるようにする。読み手は、長い文より短い文のほうが理解しやすいからだ。

たとえば次の文を読んでほしい。

「大学四年のゼミの課題は『日系ブラジル人』を調査するものだったが、そのゼミでは毎週ひとりの学生が一週間の調査結果を発表し、それについてほかの学生が意見を述べていくという、私の大学生活の中でももっとも有意義な時間だった」

長すぎて、一気に読むには疲れてしまわなかっただろうか。

一文の字数は、長くても四〇字から五〇字以内にとどめたい。一行二〇字の原稿用紙なら、およそ二行だ。三行以上になったら、二文に分けられないかどうかをチェックしてみよう。

たいていは、次のようにどこかで区切ることができる。

「大学四年のゼミの課題は、『日系ブラジル人の調査』だった。このゼミでは、毎週ひとりの学生が一週間の調査結果を発表する。その発表について、ほかの学生が意見を述べる。大学生活の中で、ゼミの時間は私にとってもっとも有意義だった」

このように、言葉を入れ替えたり、補ったりすることで、長文は短文化できる。文が長くなってしまうのは、複数の内容を一度に書こうとするからだ。**ひとつの文で表現するのはひとつのことだけ**、と決めれば短くてわかりやすい文になる。

Answer

段落をつけ、全体にメリハリをつければ読みやすい文章になる。

基本的には、内容が変わったら改行をする。この改行から改行までの文のまとまりが、段落だ。段落が同じなら内容も同じであり、段落が異なれば内容も異なる。このため、読み手は、改行があると「この話はここで終わって、次の行から別の話が始まるのだな」と推測できる。内容が変わることを読む前にわかっていれば、内容の変化に無理なくついていける。ところが、改行がないまま内容を変えると、読み手は混乱してしまうので要注意だ。

改行は内容が変わったところでするのが基本だが、ひとつの段落が二〇〇字を超えたときにも行ったほうがいい。**同じ内容でたくさんの文が続くと、読み手の集中力が散漫になるから**だ。一行二〇字なら、一〇行に一回を目安に改行しよう。

Answer

文は「だ」「である」調で統一し、自分の考えを強く出す。

文のスタイルには、「だ・である」調と、「です・ます」調がある。自分の考えを明確に語らなければならない作文・小論文では、「だ・である」調で書くことを勧める。「です・ます」調で丁寧に書いたほうが、相手によい印象を与えるのでは、と思う人もいるだろう。たしかに「です・ます」調の文章は、柔らかいイメージになるので、文章の響きで相手に悪い印象を与えることはない。

しかし反面、それゆえに文章が間延びして弱々しくなり、強く主張したいことが伝わりにくくなることがある。

これに対して「だ・である」調の文章は、力強く、歯切れがいい。強い断定で訴えかけるので、相手に有無を言わせない押しの強さがある。

作文・小論文で大切なことは、自分の考えや見方をはっきり伝えて、採点者の共感を得ることだ。そのためには、強い断定で訴えかける「だ・である」調のほうが向いている。

Answer

話し言葉は絶対に使わない。よそ行きの言葉で書く。

日ごろ友人と話すときに使うような話し言葉は、作文・小論文では絶対に使ってはいけない。作文・小論文は、志望する企業の人に読んでもらう文章だ。友人宛に出す手紙とは違う。**話し言葉で、なれなれしい文章を書くのはマナー違反**である。無意識のうちに書きそうな話し言葉を、いくつか挙げてみよう。たとえば、「だけど」「なんで」「食べれる」「こっち」「〇〇してる」「〇〇とか〇〇」「〇〇みたいに」「〇〇になったら」などだ。

ひとことアドバイス

「である」の使いすぎに注意！

「である」「のだ」は乱用すると、全体的に何だか偉そうな文章になってしまう。あまり多く使いすぎたときには、「〜だ」「〜となる」「〜た」などに言い換えられないかをチェックしてみよう。「ここぞ」というときだけに使うと「である」は生きてくる。

擬音も要注意！

「ドバーッ」「ガンガン」「パクパク」「パタパタ」などの擬音も使い方に気をつけよう。マンガで頻繁に使われるせいか、作文・小論文に使う学生が多いが、読み手に幼い印象を与えてしまう場合がある。

これらの語句は、すべて話し言葉だ。正しくは、「しかし」「なぜ」「食べられる」「こちら」「○○している」「○○や○○」「○○のように」「○○になれば」となる。
服装も改まったときには正装をするように、作文・小論文では、よそ行きの言葉を使いたい。

Answer

誤字・脱字は絶対に避ける。日ごろから正しい知識を身につけておこう。

誤字・脱字は、絶対にあってはならない。内容以前の問題だ。いくら内容のすぐれた文章を書いても、**誤字や脱字が多くあったら、よくて減点、最悪の場合は不合格**だ。ひと通り書き終えたら、漢字のケアレスミスがないかを確認しよう。
また、漢字で書いて当たり前の字は「ひらがな」でなく漢字を使用する。その基準は、新聞の「社説」が参考になる。

Answer

「の」「が」など、同じ助詞は繰り返し使わない。

ひとつの文の中で、同じ助詞を何回も使わないようにする。文がもたついたり、くどくなるうえに、意味がわかりにくくなるからだ。採点者に、文章の表現技術が稚拙と思われてしまうこともある。

とくに繰り返し使ってしまうのが、「の」や「が」だ。たとえば、次の一文には五回も「の」が出てくる。

「大学のサークルの合宿で、湘南の海の近くの旅館に泊まった」

　意味はわかるが、くどい文になる。

「が」は、主語のあとに使うほか、接続助詞として肯定でも否定のときでも使えるので、便利な助詞だ。その便利さゆえに、つい安易に用いてしまいがちだ。しかし、「が」を多用すると、次のような意味のとりにくい文になる。

「日本はいま、財政危機といわれているが、それは国債が年間一八〇兆円も発行されていることからもわかるが、一方で、税金が無駄なく使われているかどうか……」

　いちばん理想的なのは、一文に同じ助詞を二回以上使わないことだ。

　同じ助詞を何回も使いそうになったら、言い回しを少し変えてみよう。繰り返しは避けられるはずだ。

Answer

「これ」「あそこ」「彼」などの代名詞は使わず、より具体的に書く。

採点者がもっとも嫌う作文・小論文のひとつが、抽象的な内容のものだ。抽象的な表現は読み手に何も訴えかけてこない。採点者を飽きさせてしまう。

文全体が抽象的になってしまう原因のひとつが、代名詞の多用だ。

たとえば次の一文を見てみよう。

「アフリカ、東欧、アジアなど、いま世界中のあらゆる場所で紛争が起きている。その国の人々は……」

「その国」とは、アフリカ、東欧、アジアのどの国のことを指すのか。それとも紛争が起きている世界中の国のことか。この文からは、特定できない。

次の一文でも同じだ。

「おばと祖母が家にやって来た。彼女と会うのは一年ぶりだ」

文中の「彼女」はおばのことか、それとも祖母を指すのかわからない。

このように、**「これ」「そこ」「あちら」などの指示代名詞や、「彼」「彼女」「彼ら」などの人称代名詞は、文の意味を曖昧にさせる**。しかも読み手は、何を指すのかいちいち考えなくてはならない。できるだけ使わないほうがいいのだ。

具体的な文にするためには、「その国」ではなく、国名を挙げる。「彼女」ではなく、おば、祖母と具体的に示す。「友人」や「先生」の場合も、名前がわかっているのなら「友人の～

さん」「担任の○○先生」などとしたほうがリアリティが増す。

Answer

「そして」「また」「ところで」など、接続詞を多用しない。

接続詞は、文と文をつなげる役割を果たす。効果的に使えば、文章に適当な間を与え、リズムをもたせる。

しかし、文章の書き方に関する指導書のほとんどは、**接続詞を多用しないように**と注意している。なぜか。文章の達人でもないかぎり、接続詞を効果的に使うのは難しいからだ。テクニックがないのに多用すると、かえって文章を悪くする。

乱用しがちな接続詞は、「そして」「また」「それから」だ。これらの接続詞は、別の内容の文をつなげるときに使う。文章の流れをスムーズにするのでつい何回も使いたくなるが、無意味な場合が多い。名文家といわれる人の文章や、新聞記事を読んでみると、これらの接続詞はほとんど使われていないことに気づくだろう。

「ところで」「さて」は、話題を変えるときに使う。作文・小論文では、これらの接続詞を使う必要のない文章を書くべきだ。八〇〇字程度の短文では、焦点をひとつに絞って書かなければならないからだ。別の話題を出すと、話が脇道にそれて、焦点のぼやけたまとまりのない文章になる。

接続詞を入れ込む前に、それが本当に必要かどうか再点検してみよう。構成がしっかりしていれば、接続詞を頻繁に使わなくても文章の意味は通じるものだ。

Q 差をつけるテクニックとは？

Answer

書き出しを工夫して、読み手を引き付ける。うまくいけば先手必勝だ。

書き出しは、初めて会う人の第一印象のようなものだ。第一印象がよければ、その人に関心や好意を寄せる。同じように、書き出しが魅力的なら、読み手はその文章に引き付けられる。どのような書き出しにするか十分考えて、工夫するにこしたことはない。だが、作文・小論文の試験には制限時間がある。書き出しに時間をかけすぎるのも馬鹿らしい。そこで、書き出しのパターンを覚えてしまおう。

次の「経験型」「結論型」「疑問型」だ。

経験型……経験の描写から始める。「頂上まであと一歩というところで、急に風が強くなった」などだ。読み手に具体的なイメージを与えることができる。

結論型……文章の結論となる自分の意見や考えを最初にもってくる方法だ。「自然保護団体のいくつかは、自然を保護しているとはいえない」などだ。いきなり結論を突きつけると、読み手に強い印象を与えることができる。意外性があれば、さらに効果的だ。

疑問型……文字どおり疑問文で書き出す。たとえば、「なぜ多くの若者は選挙の投票に行かないのだろうか」と、疑問を投げかける。読み手に対して、いっしょに考えるように誘って引き込む方法だ。

書き出しで、採点者を引き付けることができれば、それだけでプラスポイントになる。魅力的な書き出しを、あらかじめいくつか考えておきたい。

Answer

「私」の多用は押し付けがましい。頻繁に使わないように注意しよう。

「私の特技は、スキーだ。私が、生まれて初めてスキーをしたのは、五歳のときだった。そのときの経験が、私のスキー好きを決定的なものにした」

このように、**「私」の多い文章は、押し付けがましい印象を与える**。「私」に限らず、同じ言葉を繰り返し使うと、稚拙な文と思われてしまう。試しに、「私」をとってみよう。「特技はスキーだ。生まれて初めてスキーをしたのは、五歳のときだった。そのときの経験が、私のスキー好きを決定的なものにした」

これでも、意味は通じる。同じ言葉の繰り返しがなくなることで、かえって文章が整理されて、すっきりする。

自分について書かなければならないと思うあまり、つい「私」と使ってしまいがちだ。そのようなときは、「私」を削ってみる。「私」の視点で事実を具体的に書いていけば、「私」と書かなくても、読み手には「私」のことだと伝わるのである。

Answer

決まり文句は使わない。自分の言葉で言い換えて個性を出す。

「固唾を呑む」「竹を割ったよう」「歯に衣着せぬ」など、決まり文句を使わないようにしたい。使い古された決まり文句には、個性や新鮮味がないからだ。必ず、自分の言葉で言い換えて書くようにする。

企業が、作文・小論文から知りたいのは、その学生がどのような人物かということである。学生は、自分らしさを文章の中でアピールしなければならない。誰もが使うような文章を書いたのでは、作文・小論文を書く意味はないのである。

個性的な文章を書くのは、それほど難しいことではない。決まり文句を使わずに、具体的な事実を書けばいいのだ。「固唾を呑んで見守った」と書くところを、たとえば、「息を止め、まばたきひとつしないで見守った」と書く。「固唾を呑んだ」とき、**自分はどのような状態だったのか、それを具体的に表現すればいい。**そうすれば、自分にしか書けない文章になる。書き手のそのときの様子が、読み手にも具体的にイメージできる。

決まり文句は便利なので、つい使ってしまいがちだ。本番でうっかり使わないように、日ごろから自分の言葉で表現する訓練をしておこう。

Answer

形容詞を使わずに、事実を淡々と語る。

作文・小論文では、自分が思ったこと、感じたことを読み手に伝えなければならない。感じたことや思ったことを伝えるときは、**「うれしい」「悲しい」などの形容詞を使わずに、事実を具体的に淡々と書くだけでいい。**感情を表に出しても、書き手の思いは伝わらない。

たとえば、「美しい庭」と書いても、「庭」そのものの描写がなければ、読み手には「庭」がどのように美しいのかわからない。書き手が、自分の思いを一方的に押し付けただけだ。書き手は、庭の何がどのようであったから「美しい」と思ったのか、その事実を具体的に表現しなければならない。「緑あざやかな芝が一面に敷き詰められ、周囲には赤やオレンジのバラの花が咲き乱れていた」。このように、事実を描写すれば、読み手はその庭を具体的にイメージできる。美しいということも伝わる。

「きれい」「すばらしい」「悲しい」「うれしい」など、感情やものごとの状態を表す形容詞を使うときは要注意だ。形容詞で表現するのではなく、具体的な事実を書き、その事実を読み手に共有してもらう。そうすることによって初めて、書き手は自分の思いを、読み手に伝えることができるのだ。

また、「たくさん」「少し」「いつも」「ときどき」のような、数にかかわる曖昧な表現も要注意。「たくさん」は、一〇〇、一万などと具体的な数字で表す。「さまざまな」「いろいろな」なども文が抽象的になる言葉だ。できるだけ使わないようにしたい。

Answer

時事的な話題を盛り込むと、文章の内容が豊かになる。

作文・小論文の内容をグレードアップさせるテクニックのひとつに、時事的な話題を盛り込むという方法がある。文章全体の奥行きと幅が広がり、内容が豊かになる。採点者の評価も確実に高くなるだろう。

たとえば、海外をひとり旅した経験を書く場合を考えてみよう。基本的には、その旅での経験によって自分にどのような変化が起きたのか（何かを学んだ、何かを発見した、新しい行動への動機になったなど）を書くことができればいい。

だが、ここで「海外旅行の主流はパックツアー」という話題を入れてみる。「パックツアーは人気があるが、好きなとき、好きな場所に行けない。現地の人と触れ合う機会もない。型通りのパックツアーでは得られない経験をした」と書くことができる。現在の海外旅行の一般的なスタイルを挙げて、その問題点を指摘するのだ。

とくに自己紹介ジャンルの作文（『学生生活』『私を紹介します』などのテーマのとき）では、時事的な話題を入れることによって、個人と社会との接点ができる。それが文章の奥行きと幅を広げるのである。

ただし、何でもかんでも時事的な話題を盛り込めばいいというものではない。あくまでも自分の主張に説得力をもたせるものとして使う。作文・小論文の論旨とずれないようにする注意が必要だ。

Answer

五感に訴える描写をすれば、作文・小論文の具体性は増す。

　具体的に書く方法として知っておくと便利なのが、「読み手は書かれていることを五感でイメージする」ということだ。文章は、「視覚」「聴覚」「味覚」「嗅覚」「触覚」を使って読まれているのである。

　たとえば「大きな湖」を、「直径二〇〇メートルの湖」と書く。読み手はその大きさを間接的に「見る」ことができる。「美しい音色」なら、「フルートのような音」と表現する。読み手は間接的に「聞く」ことができる。「おいしいオレンジ」も、「レモンのすっぱさと日本のみかんの甘さが混ざったようなオレンジ」と書けば、読み手はそのオレンジを本当に食べた気になってくる。

　つまり読み手は、五感が刺激されればされるほど、文章で表現されていることを鮮明にイメージできる。書き手にしてみれば、言いたいことをより正確に伝えられるのだ。

ひとことアドバイス

　作文・小論文の力をつけるためには、とにかく「書き続ける」のがいちばんだ。書いたらほかの人に読んでもらう。容赦なく批判してもらう。回数を重ねるうちに自分の悪い癖や欠点が見えてくるはずだ。

　ところで、普段のレポートや論文ではパソコンを使って書いている人が多いと思う。だが、作文・小論文の練習は「手書き」で行ったほうがいい。ワープロソフトなどでは知らない漢字も無意識のうちに変換している。自分では頭に入っているつもりでも、実際に書くとなったら書けないことが多いからだ。

　練習のときには必ず辞書を手元に置き、わからない字は丹念に調べていくようにしよう。小さな努力は、本番に必ず生きてくるはずだ。

Answer

前向きな姿勢を示し、読み手の共感を得る。

作文・小論文は、企業に採用してほしいから書く文章だ。したがって、書いた内容について、理解してもらうだけでなく、共感してもらわなくてはならない。文章が上手に書けても、採点者が共感してくれなければ不合格だ。

共感を得るには、テーマに対する最終的な自分の主張を前向きに示すのがポイント。たとえば「少子化問題」について書く場合、「日本は将来、労働人口が極端に少なくなり、破綻する」などの結論で締めくくるのはあまりよくない。悲観的であるし、一般的な危機感と同じだからだ。それよりどうしたら問題を解決できるのか、**前向きに考えて自分なりの意見を書いたほうがいい**だろう。

なぜ前向きな姿勢を示す必要があるかというと、ひとつは人柄をアピールするためだ。友人にするなら、陰気で悲観的な人より、前向きな人のほうがいいだろう。企業も同じだ。いっしょに仕事をするなら、当然前向きな人物を好む。

人柄の問題だけではない。前向きかどうかで、場合によって仕事ができる人物かどうかも判断される。ものごとに悲観的であるということは、ある意味でそのものごとに対して自分からは何もしない、する気がない人物なのではないかと思われてしまうのだ。仕事は、大小さまざまな問題を解決しながら進めていくものだ。あまりに悲観的では困ってしまう。**どうしても悲観的な考えを譲れないというのであれば、少し角度を変えて慎重派であることをアピールする**といいだろう。

Answer

タイトルは、シンプルかつストレートに。

採用試験の作文・小論文では、最初にテーマを与えられるのが一般的だ。

企業によって、テーマをそのままタイトルとして書くよう指示される場合と、テーマとは別に自分でタイトルをつけるように指示される場合とがある。

では自分でタイトルをつける場合、どのようにつけたらいいのだろうか。

簡単に言えば、文章の内容をひとことで表す、シンプルなタイトルだ。個性的にしようとしてタイトルをひねりすぎると、本文の内容と関係なくなってしまうこともある。**タイトルを見て、本文の内容がわかればいい**のである。

タイトルには絶対凝ったほうがいい、と説く指導者もいる。しかし、六〇分という短い時間のなかでは、タイトルに時間をかける余裕などないのが実情だろう。大切なのはあくまでも本文だ。タイトルに凝るのは、本文を完璧に仕上げてからにしたほうがいいだろう。

ひとことアドバイス

書類選考の段階で作文・小論文を課された場合には、タイトルを考える時間はたっぷりある。できれば採点者を「おやっ」と思わせるタイトルにしたい。「読んでみたい」と思わせることができればなおいい。

メディア・コーディネータの関根進氏は『史上最強の編集塾』（太陽企画出版）の中で、「タイトルとは、1．読者へのメッセージ、2．編集部の主張、3．読んでもらうための宣伝。これに尽きる」と書いている。氏の場合は雑誌の記事のタイトルを言っているのだが、これは採用試験の作文・小論文のタイトルでも十分使える。「採点者へのメッセージ、自分の主張、読んでもらうための宣伝」。これを頭に入れて考えてみよう。

Q 本番で必ず注意しなければならないことは？

Answer

時間配分は慎重に。日ごろの訓練が大事だ。

さて、いよいよ試験本番。学生たちが席に着くと、出題をする試験官がやってくる。課題のタイトルは、試験官が口頭で発表する場合と、タイトルが書かれた紙が張り出される場合とに分かれる。紙が張り出される場合、ときには試験官がわざと「タイトルを読み上げることはできません」と言うときもある。読み方が何通りかあって（たとえば「潮」。「しお」「うしお」「ちょう」とも読める）、学生それぞれの判断にまかせるときなどだ。

そして制限時間（六〇分または九〇分が多い）、制限字数（八〇〇字、一〇〇〇字が多い）などが伝えられる。原稿用紙のほかに、構成用としてメモ用紙が配られる（または制限枚数より一枚多く原稿用紙を配られるときもある。まったくない場合には、原稿用紙の裏などを利用して構成を立てよう）。

いざ、試験開始だ。

まずは、**構成、執筆、推敲のそれぞれにどのくらい時間を割くか、あらかじめ時間配分を**

しておく必要がある。おおよそのメドとして構成に一五分、執筆に四〇分、推敲に五分といったところだろう。しかしこれには個人差がある。本番であわてないように、予行演習をして、自分の配分ペースをつかんでおこう。

Answer

下書きはしない。字数は絶対守る。推敲は誤字・脱字のチェックだけ。

絶対守らなければならないのは制限字数だ。できれば制限字数ギリギリが望ましい。八〇〇字なら七八〇〜八〇〇の間だ。それがだめな場合でも、七二〇字までは書くようにしたい。字数オーバーは原則としてしないように（一字でも）したい。最悪の場合、減点の対象となるからだ。

文章をひと通り書き終えたら、最初から読み直して、推敲する。推敲とは、本来は文章の表現や語句を練り直して修正することだが、本番では、**誤字・脱字のチェックだけでいい。**あわてながら下手に内容を修正すると、支離滅裂な文章になる危険性がある。書いた内容はいじらず、誤字・脱字だけを点検するにとどめよう。

Q 作文・小論文は、どのような状況で採点される？

Answer

採用担当者は、ひとりで一日一〇〇本近い作文・小論文を読む場合がある。この状況を頭に入れて対策を講じよう。

学生にとって就職活動は、ある意味でほかの学生との競争だ。企業にとっては、他社との企業間競争である。企業が採用活動で求めるのは単なる労働力でなく、企業を支え発展させていく人材だ。そのため少しでも優秀な（自社に適性があるという意味で）学生を欲しいと思う。だから試験の結果を一日でも早く出して内定者を決めようとする。でないと、採用したい学生が、先に内定を出した企業に入社を決めてしまうかもしれないからだ。

このため作文・小論文の採点は、その数が何百、何千とあっても、通常一日か二日で行われる。採点者には、ひとつの作文・小論文をじっくり読んでいる時間はない。さっと速読して点数をつける。もちろん、数人の採点者が手分けするが、ひとりで一日何百もの作文・小論文を読まなければならないことも珍しくない（ひとりの作文・小論文を複数の採点者がチェックしそれぞれの点数を合計する場合や、まずは文章そのものがきちんと書けているかを専門家がチェックし、そのあとで採用担当者が読む場合など、採点の方法はさまざま）。

企業によっては、採用試験期間の担当社員の残業時間が通常の倍になることもあるほどだ。それだけ企業側も真剣勝負なのである。

さて、このような凄まじい採点状況を踏まえると、学生側がおのずと注意しなければならないポイントが出てくる。以下の三つは最低守らなければいけないことだ。

◆文字は濃く書く。

いくら作文・小論文の内容がよくても、薄い字で書かれていると、それだけで採点者は読む気が失せてしまう。心証も悪くする。あまりに読みにくい場合、読んでさえもらえないだろう。作文・小論文の試験では、Ｂの濃い鉛筆を使ったほうが絶対有利だ。

◆大きく、楷書で丁寧に書く。

字は下手でもかまわない。一マス一マスに大きく、楷書で丁寧に書こう。濃く大きな文字は、読みやすいだけでなく、書き手の意志の強さや自信をうかがわせ、採点者によい印象を与える。

◆一度読んで、すぐ理解できるわかりやすい文章を書く。

わかりやすい作文・小論文とは、論旨が一貫し、余分なことが書かれていないもの、さらに具体的でイメージしやすいものだ。反対に、わかりにくいのは、いろいろな話題があちこち飛び、論理的でない文章や抽象的な言葉が並んだものなどだ。

ひとことアドバイス

自分の書いた文章がわかりやすいかどうかを判断する一番よい方法は、他人に読んでもらうことだ。自分ではわかりやすい文章を書いているつもりでも、第三者にはわかりにくいということは意外と多い。試験の本番前に、友人でも家族でも誰でもいいから、書いたものを読んでもらおう。そして、自分の文章は、どこがどうわかりにくいのか研究しておく。作文・小論文の有効な対策になるはずだ。

Q 作文・小論文の準備はどうやってやればいい？

Answer

本番まで、できるだけ多くの作文・小論文を書いておこう。

ここまで、作文・小論文の書き方について説明してきた。「書き方」をつかんだら、次は練習に移ろう。

作文・小論文を上達させるコツは、とにかく実際に書くしかない。何本も何本も、実際に書いてみる。これが上達へのいちばんの近道なのだ。

作文なら、最低でも「自己ＰＲ」「志望動機」「アルバイトについて」「友人について」「サークルやクラブ活動について」「ゼミについて」「家族について」「インターンシップについて」「ボランティアについて」「学生生活でいちばん熱心に取り組んだこと」「私の失敗談」などのテーマについて、それぞれ最低一本は書いておこう。できれば、ひとつのテーマに対して複数の作文を書いておくと、本番でより対応しやすくなる。

また、「水」「光」「携帯電話」などの抽象的なテーマの作文も書いておきたい。

小論文は、時事的な事柄が課題になる場合が多いので、**最新の時事ネタについてより多く**

書いておこう。

Answer

書いたら、必ず誰かに読んでもらうようにする。

作文・小論文を書いたら、誰かに読んでもらうのも大事だ。誰かに読んでもらい、わかりにくい点などを指摘してもらおう。

読んでもらう相手は、親、学校の先生など、できれば40代以降の人が望ましい。自分と世代ギャップがある人が読んでも、通じる内容になっているかどうかがチェックできるからだ。

また、その世代がどのような内容に好感をもつのかも知ることができる。

Answer

時事用語のチェックも忘れない。

先にも述べたが、小論文では時事的な事柄が課題になることが多い。たとえば「広島高裁の一票の格差違憲判決について、自分の考えを述べよ」は、実際に新聞社で出された課題だが、この**課題の意味がわからなければ、小論文は書くことはできない**。

また、出版社でよく出される「三題噺」にも、時事ワードが登場する場合が多い。

よって、時事用語のチェックも忘れずにしておこう。

業界別出題テーマ一覧

業界、企業によって出題テーマの傾向は異なる。自分の志望する業界・企業の傾向をチェックしよう。

※テーマはエントリーシート内の設問も含みます。'23などの数字は就職する年度を示しています。

メーカー

〈ハウス食品〉

あなたがハウス食品を志望する理由を教えてください。／グループで活動する際に、あなたが心掛けていることはどんなことですか。実際のエピソードと合わせて教えてください。／あなた自身が一皮むけた経験について、その経験を通して自身がどのように変わったかのかも含めて、教えてください。／あなたの一押しの『大好きなグルメ』について、魅力が伝わるように紹介してください。（いずれも300字）（'22）

〈カゴメ〉

周囲との衝突を恐れず、交渉や折衝した経験を具体的に教えてください。／あなたは、カゴメでどのような営業活動に取り組みたいですか。／あなたが、カゴメで実現したい夢を教えてください。（いずれも200字）／手書き自由記述「あなたは、どのような人ですか？　自由に表現してください！（具体的な経験やエピソードも交えて）」

〈ソニー〉

あなたが何かを成し遂げた・作り上げた、いずれかの経験について、あなた自身のアプローチや工夫と役割、最終的な成果（物）がわかるように記述してください。（500字）（'21）

〈ポニーキャニオン〉

3年後の自分に手紙を書いてください（'23）

金融

〈アフラック生命保険〉趣味・特技（100字）、既存の考え方に囚われず、新しい発想やアイデアを生み出した経験について教えてください。個人ではなく、誰かと協働した経験についてご記入ください。（400字）（'22）

〈野村證券〉ゼミ・アルバイト・クラブ活動・スキル・趣味など、あなたが面接陣に最も聞いてほしい内容とその理由（研究員・経営コンサルタント・エコノミスト志望は学業について）（1000字）

インフラ

〈京王電鉄〉学生時代に最も力を注いだこと

〈日本航空〉これからの大競争時代を勝ち抜くには（A4用紙の半分）、私のサービス体験

〈東京電力〉問題意識を持ち、解決のために考え、チャレンジしたこと

〈東北電力〉現代の価値について（800字～1000字／60分）

商社

〈丸紅〉知恵と知識の違いについて

〈三井物産〉日本の政治、日本の国際貢献

〈三菱商事〉情報化について、組織と個人の関係、人のやさしさとは

〈富永貿易〉もし自分を一文字で表すなら（'23）

サービス

〈バンダイロジパル〉人生を変えた出来事や出会い（400字／30分）（'23）

〈ユーキャン〉音（インターン／400字）（'23）

〈ウェザーニュース〉アルバイト（400字）（'23）

マスコミ・広告等

〈NHK〉

火災発生の原稿（インターン／800字程度）、接、音（本選考／800字／60分）'23

〈読売テレビ〉

テレビ局の存在意義とテレビ局の将来（800字）

〈テレビ朝日〉

あなたはとある会社の新入社員です。ある日、あなたのミスではないことで上司から叱られました。この危機をどのようにして乗り越えますか。／あなたは「○○○の激レアさん」です。「激レアさんを連れてきた」に出演したつもりであなた自身を紹介してください。'24

〈TBS〉

TBSに入社し、何をしたいですか？　そのことでTBSがどう変革されるかも含めて具体的に教えてください（ES／450字）'23、思わず人に話したくなる、あなたの意外なエピソードをタイトルをつけて教えてください。'24

〈フジテレビ〉

自分って（意外と）シビアだなと思った瞬間。'24

〈テレビ東京〉

あなた自身に見出しをつけ、理由と共に説明してください。（ES／400字程度）、入社5年以内に成し遂げたい目標をご記入ください。（ES／400字程度）'23、あなたは勇敢ですか？　その理由を教えてください。'24

〈北海道放送〉

北海道について自由に書いてください。'24

〈札幌テレビ〉

あなたの人生最大のピンチを教えてください。／これから流行ると思うモノ・コト・サービスなどを教えてください。'24

〈読売テレビ〉

勝負（800字）'23

〈中京テレビ〉

テレビ局のアセット（経営資源、資産、強み）を自由に使ってお金もうけするなら何を企画しますか？'24

〈テレビ愛知〉

白（400字）（'23）

〈関西テレビ〉

人生で一番怒られたエピソードを教えて下さい。（'24）

〈テレビ西日本〉

理想の社会人とはどんな人ですか。／自分が成長していると感じるのはどんな時ですか。／これまでで最も意見が衝突した出来事は何ですか。（'24）

〈中国放送／RCC〉

RCCは広島家族をブランドスローガンに掲げている。あなたの広島に対する思いや、どのように広島を盛り上げていきたいか等自由に書いてください。／あなたの好きなことをハッシュタグをつけて教えてください。またあなたのハッシュタグがよく分かるコロナ禍でのエピソードを教えてください。（'24）

〈九州朝日放送／KBC〉

大きなものでも小さなものでもあなたの自慢を3つ教えて下さい。／あなたの性格にハッシュタグをつけて下さい。／あなたのドキュメンタリーをテーマに、人生をグラフにしてA4一枚で自由に表現して下さい。（'24）

〈テレビ大阪〉

無人島（400字以下）（'23）

〈NHKエデュケーショナル〉

これまでの人生であなたが失敗したこと、感動したこと、腹が立ったことは何ですか。この中から一つを選んで書いてください。（ES／800字）（'23）

〈テレコムスタッフ〉

「史上最悪の出来事」か「史上最高の出来事」（600字／60分）、最も影響を受けた映像作品について紹介してください。（800字）（'23）

〈トップシーン〉

制作したい番組ジャンルとその理由（800字程度）（'23）

〈松竹〉

ここで一句（'23）

〈東映〉

「リモート」をテーマにしてショートストーリーを書いてください。（'23）

〈朝日新聞社〉
朝日現役社員にインタビューをして『ひと』欄の記事を書く（インターン、８００字）、格差社会、ヤングケアラー（本選考、８００字／60分）（'23）

〈産経新聞〉
初志貫徹（４００字／60分）、バランス（夏採用、４００字）（'23）

〈日経新聞〉
10万円給付（早期選考、８００字）、技能実習生（本選考、８００字／60分）（'23）

〈毎日新聞〉
東京五輪（インターン、８００字）、二つのインタビュー記事をヒトもの記事に書き換える（早期選考、６００字／60分）、私が大切にしていること（春採用ＥＳ、８００字）、熱海土石流災害の映像を見て情景描写（春採用、３００～５００字／60分）（'23）

〈読売新聞〉
プライマリーバランス（記者職、早期選考、８００字）、中国（記者職・春選考、８００字／60分）、医療（記者職・冬選考、８００字／60分）、嗜み（広告局・早期選考、８００字）、再生（広告局・本選考、８００字）（'23）

〈北海道新聞〉
私は伝えたい（インターン前課題／８００字）（'21）、和平（８００字）（'23）

〈秋田魁新報〉
フェイクニュース時代のメディア（８００字）（'23）

〈岩手日報〉
釜石で取材したことを作文に（インターン、８００字）、コロナ禍と私（本選考／８００字／60分）（'23）

〈河北新報社〉
防（６００字）（'21）、平（８００字／60分）（'23）

〈新潟日報〉
これからのコミュニケーション（８００字）（'23）

〈神奈川新聞〉
神奈川新聞社で取り組みたいこと（６００～８００字）（'23）

〈中日新聞〉
多様（春採用／７００字／60

分）、平凡（夏選考）（'23）

〈西日本新聞〉

あやまち（インターン／９００字／90分）（'23）

〈神戸新聞〉

再生（春採用／８００字／60分）（'23）

〈山陽新聞〉

「人」のつく言葉、熟語（'23）

〈共同通信〉

これに挑戦したい（夏・インターン課題／８００字）、感動したこと（冬・インターン課題／８００字）、本（８００字）、勘（本選考／８００字）（'23）

〈時事通信〉

未来（春採用／８００字／60分）、理想と現実、暮らし（夏採用／８００字／60分）（'23）

〈日刊スポーツ〉

ちょっとだけいい話を教えてください。（８００字）（'20）

〈デイリースポーツ〉

ＹｏｕＴｕｂｅ（４００字／60分）（'20）、ドラフト、ガクチカ（各４００字／合計60分）（'24）

〈スポーツニッポン〉
①『「平成」という時代を漢字一字で表すなら？』（４００字）（15分）、②『あなたの納得できないルール』（８００字）（'20）

〈ＫＡＤＯＫＡＷＡ〉

１年以内にＳＮＳやＷｅｂ上で見かけた流行（バズリ）と、あなたの考えるバズった要因を教えてください。あなたの人生の３大ニュース。（'22）

〈講談社〉

「世界の誰かを笑顔にする〈孤独〉な自分」シナジー・青春・メラメラの三単語を使って（※〈　〉と三単語は受験回によって変わる／例：〈卑怯〉、エンパシー・流行・ざらざら）（８００字／60分）（'23）、私の中の革命（８００字以内）（'24）

〈文藝春秋〉

矛盾（ＥＳ／８００字）、「じつのところ」から始まる作文（８００字／50分）（'23）

〈集英社〉

じつは私のおかげです（６００字）（'23）、私の出番だ！（６００字以内）、私は○○の三冠王です！）、下の枠内であなた自身が映っている写真を1～3枚使って、あなたの「（自称）三冠」を自由に紹介してください。（クリエイティブ課題）（'24）

〈小学館〉

私だけのちっちゃな喜び（800字）（'22）、絶対に笑ってはいけない（800字）（'23）、伏線回収（600字以内）、3年間の明と暗（自由課題）（'24）

〈新潮社〉

私の承認欲求（800字）（'23）、あなたが今一番会いたい人物と、聞いてみたいこと（書かせてみたいこと）は？／自分が「大人になったな」と感じた瞬間は何ですか？（'24）

〈朝日新聞出版〉

スルー、インスタ映え（1000字／60分）（'20）

〈河出書房新社〉

出版社だからできること（400字以内）（'24）

〈日経ＢＰ〉

家族（800字／30分）（'20）

〈光文社〉

もし私がメタバース推進部長になったらこれをする（ES／800字）、「小学校であだ名や呼び捨てが禁止され、さん付けを促す指導が行われている」という読売新聞の記事に対する自分の考え（筆記試験／960字以上1000字以内）（'23）

〈金の星社〉

『ガラスのうさぎ』か『ハッピーバースデー』を選択して感想を書く（200字程度）（'20）

〈東洋経済新報社〉

クッキーレスが広告ビジネスに与える影響（デジタルビジネス職／400字）、出版業界の新しいビジネスモデルについての課題と対策（デジタルビジネス職／800字）（'21）

〈秋田書店〉

漫画と○○（800字以内）（'24）

〈主婦と生活社〉

今、あなたがいちばんハマっている「人・コト・モノ」をひとつ選び、それを「推し」ている理由を解説してください。（'24）

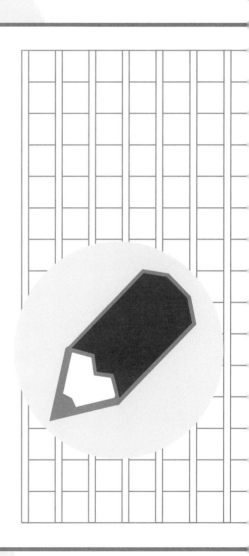

第2章

受かる小論文・作文実例集

自己紹介ジャンルの書き方のポイント

このジャンルのテーマで企業が知りたいのは、ずばり学生の「人柄」だ。

自分自身のことを書くのだから、特別な知識はいらないし簡単だ、と思うかもしれない。だが、自分のことを第三者に伝えることは意外に難しい。自分のことはわかっているようで案外わかっていないからだ。

だからこのジャンルの作文を書くときには、自分研究が大前提となる。自分はいったいどういう人間なのか、どういう仕事をしたいのか、どういう価値観をもってこれから生きていきたいのか、などをまとめておかなければならない。

採用試験の作文・小論文は、自己PRをするためのものだが、このジャンルはとくにそれをストレートに示すものだと考えていいだろう。

Point
自分研究が大前提だ。

このジャンルのテーマは、業界を問わず頻出度が高い。具体的にいえば、「自己PR」「志望動機」「学生生活でもっとも打ち込んだこと」などだ。作文・小論文で出題されなかったとしても、履歴書やエントリーシート、面接などでは必ず問われるテーマだ。それだけにしっかり対策を講じておく必要がある。

Point 自分研究はどのように行う?

では、自分研究はどのように進めたらいいのだろうか。次の項目を参考にして、自分自身を見つめ直してみよう。

1. これまでの自分自身を振り返る。（もっとも辛かったこと／もっともうれしかったこと／もっとも一生懸命になったこと／もっとも影響を受けたこと／もっとも大切にしていること／もっともこだわっていることなど）

2. 1で挙げたものを全体的に眺めて、自分の特徴を書き出してみよう。（負けず嫌い、リーダーシップをとる、好奇心が旺盛など）

3. 自分の特徴がもっともよく表れている具体的な体験（エピソード）を抜き出す。（ラグビーのサークルでレギュラーの座をつかんだこと、ゼミの合宿で幹事を務めたことなど）

大事なのは、この1～3の過程で「どうして自分はこの行動をとったのか、どうしてそう感じたのか」とひとつひとつ考えながら進んでいくこと。そうすると、より自分が見えてくる。

Point とにかく具体的に書く。

実際に作文を書くときに役立つのが、3で抜き出した具体的な体験だ。

この具体的な体験（自分がどう行動し、どう感じたのか）を書くことによって、自分がどういう人間かを相手に伝えることができるのだ。

たとえば「私は体力があって健康な人間です」ということをアピールするとき、「私はホノルルマラソンに毎年参加している。そのため毎朝ジョギングを欠かさない」と書けば、その言葉を使わなくても体力があって健康であることを示すことができる。ストレートに言うより、逆に説得力が出るのだ。

テーマ

私について（1）

私のエコ

私は、洋服をリメイクすることが好きだ。履けなくなったスカートを三つ集めてはぎ合わせて、ひとつのスカートにする。ジャージからバッグを作ったりもした。身につけて友人に見せ、リメイクしたのだと言うと、「え?…あ、本当?」と驚かれる。

自分で生地から洋服を作ろうとしたこともある。けれど、リメイクの方が面白い。「このブラウスは、袖の部分がネクタイになるだろう」などと考えるのが楽しいからだ。

それは、洋服を選ぶ時の楽しみにもなる。

ある時、グレーの、普通のプリーツスカートをリメイクした。プリーツ部分を下から十センチ位ずつ、ぐし縫いしてギャザーを寄せる。バルーンスカートにしたのだ。

リメイク前は、上着との組み合わせによっては、制服のようになった。それが、ちょっとすそがふんわりしているだけで、「変身する」のだ。

発想のヒント

◇このテーマは、企業が学生の人物像をより正確に知ろうとするもの。採用担当者は、自分たちが求めている人物像と学生の人柄が一致しているかどうかをチェックするのだ。同時に、学生がいかに自分自身を客観的にとらえることができているかを見る。

このとき注意したいのは、「企業が求める人物像」を意識しすぎないこと。それより、より「自分らしさ」が出るようにしたい。結果的に、「企業が求める人物像とは違っているかも?」と思ってもだ。

◇「私の性格は……」などのように、大上段に書きはじめると、たいていは失敗

「Ｚｉｐｐｅｒ」や「ＣＵＴＩＥ」などのファッション雑誌でも、二、三年前からリメイクの特集がされたり、リメイク品を身につけた読者モデルが登場したりしている。

　最近の古着ブームも加わって、より個性的な、自分らしいファッションへの関心が高まっている。

「リメイクは難しい」とか、「外に着ていくのは恥ずかしい」などと言う人が、私の周りにも多い。

　私もはじめは、上手くできなかった。けれども沢山作るうちにいいものが出来てきて、アイデアも浮かぶようになってきた。

　流行に合わせて次々と服を買い換えるのも楽しいかもしれない。けれどより自分らしく洗練されたファッションを目指すなら、私はリメイクを是非勧めたい。そうすればタンスで眠っていたり、捨てられたりしてしまう流行遅れの服たちも、よみがえるし、いま流行りの「エコ」にもつながる。


応用できるテーマ例！


「私の性格」「自己ＰＲをしてください」「私の特技」「私のセールスポイント」「私を語る」「私を推薦します」など、応用範囲は広い。

　そこで、「私の趣味」「私の性格」「最近、もっとも面白かったこと」など、いくつかのテーマで練習をしておこう。八〇〇字、一〇〇〇字など、字数を変えての練習もしておく。


する。まずは自分らしい体験、自分の人柄が出るようなエピソードを探そう。その具体的な体験やエピソードを通して、自分を語るつもりで書くのだ。

Point 注意ポイント

◇自分について語ろうとすると、ついつい出てしまうのが、「私は明朗快活な性格で……」「友人や先生から、真面目だと言われる……」などだ。だがこれらは、まったく抽象的な表現。読み手には、何も伝わらないと考えていいだろう。
　明朗快活、真面目とひとくちに言っても、その範囲は広い。自分の明るさはどういう体験で語ることができるのか、自分の真面目さは具体的にどういうときに表れるのかを探さなければならない。

　それが見つからないときには、もう一度自分を見つめ直すところから始めたい。

テーマ
私について（２）

私の挑戦

「おまえの記事はつまらないよ」

サークルの先輩のひとりが、私に向かってぼそっと言った。

私が所属している広告研究会では、毎月一回、Ｂ５サイズ十二ページの小冊子を発行している。そのなかで私は、「稲田のびっくりＢＯＸ」というコーナーの記事を毎回書いている。私が独自に映画や本を選び、それについて批判や絶賛をするという内容だ。その記事の内容について先輩は言ったのだ。そして「おまえの記事は、単におまえが言いたいことで、人が読みたいこととは違う」と続けた。この言葉は痛かった。だが私の挑戦はここから始まった。

たしかに私はこれまで、自分が好まない、あるいは興味のない現象や対象をどんどん排除していた。面白くない映画を「つまらない」と一言で片づけ、女子高生を「嫌いだ」と一蹴し、アニメや漫画を頭から子供の見るものと否定していた。実はこの流れ作業は大変楽なのだ。非論理的な思考を「感性」にすり替え、すべてを「イメー

Hint 発想のヒント

◇自分のことはよくわかっていそうで、意外にわからない。だから自分について語るのは、結構辛い。

だが物事には、すべて二面性があることを考えてみよう。それは人物像についてもいえることだ。

たとえば「楽観的」というプラスの性格の裏には、「慎重さが足りない」というマイナス面がある。「軽薄」がマイナスなら、その裏には「明るい」というプラスがある。

自分のある一面を見つけたら、その裏側を考えてみよう。より客観的な分析ができるようになる。いままで見えなかった自分が見えてくるはずだ。

ジ」と「みんなが言っているから」で乗り切ることができるからだ。

一方、起こり続ける世の中の現象を認め、受け入れ続けるのは大変難しい。自分の中に確固たる信念をもちつつそれを行うならなおさらだ。世界を先入観なく見つめ、自分の気に入らないものがどうしてそこに存在するのかを考えなければならないからだ。自分の嗜好は別にして、世界を平等に見渡す懐の広さがいる。

たとえば女子高生。彼女らには彼女らの行動哲学や美学や事情、動機があるだろう。まずそれを知り、存在意義を探る必要がある。そのうえでしか評価を下すべきではないのだ。理解なしの拒絶は自分の視野や価値観を狭めてしまう。

つまり、私の挑戦とは、あらゆる物事を、先入観にとらわれず、冷静に判断していくこと、自分の頭で考えていくことだ。これからも、この私の挑戦は続いていく。

注意ポイント

◇実例文では、ひとつの経験によって発見した自分自身を書いている。親や友人に言われたひとことによって、新たな自分を発見することがある。そのとき自分が何を考えたか、その発見によって自分がどう変化したかを書くのもいいだろう。

◇自分をよく見せようと思うあまり、長所を強調したくなるのはわかる。だが、あまりに長所ばかりを並べられると、読み手はうんざりしてしまうのが本音だ。

一見遠回りのように見えるかもしれないが、自分の失敗談から入るのも「読み手の気をひくコツ」のひとつだ。

◇素材選びにも注意したい。自分では得意と思っていることが、社会の目から見ると大したことなかったり（たとえば外資系企業に向けて、英検二級をアピールすることなど）、ただの自慢話、ということも少なくないからだ。

応用できるテーマ例

「私」について書く場合、日常生活以外の場面での体験を書くのもひとつの方法だ。

たとえば、「登山」「初めての海外旅行」など。非日常的な場面では、自分の行動パターン、性格、考え方などが表れやすいからだ。そういう意味では、内容によって「夏休みを振り返って」「苦しかった思い出」「旅」などにも応用できる。

テーマ
自己PR

金融内定

想定外

一六〇センチ、五〇キロと、小学生にしては大きな体だった私は、担任の先生に半ば無理矢理、相撲部に入部させられることになった。小学生といえば、トイレに行くのも馬鹿にされるような年頃で、皆が下校する中、半裸の状態でする練習など当然のごとく身に入らなかった。

入部をして半年が過ぎた頃、市で行われる秋の相撲大会に私の学校は参加することになった。初めての大会ということよりも、大勢の人達の前でまわし姿をさらすことが、私の緊張をあおった。

一回戦の対戦相手は、私よりもひとまわりも小さい子だった。「人前でまわし姿を見せる上に、一回戦で負けることになったら本当に恥ずかしかっただろうな」とホッと胸をなで下ろし、取り組みに向かった。

相手の力は予想通り弱かった。押される気がしない。余裕をもって投げをうったその時だった。私のまわしが緩み始めたのだ。小学

発想のヒント

◇自己PRで肝心なのは、その内容に「企業が求める人物像」との共通点があること。採用試験の作文・小論文は、単に自分を表現するものではなく、企業に自分を売り込むものだ、ということをくれぐれも忘れないようにしたい。

◇そのためには、まず自分の「セールスポイント」をひとつでもいいから絞り出す。「語学が堪能」「パソコンの操作が得意」「人の話にじっくり耳を傾けることができる」など、できるだけ具体的なものを挙げておく。単に「〇〇の資格をもっています」という事実の羅列だけでは弱い。

その自分のセールスポイントが、志望

生用のまわしは薄いため、緩みやすいのだ。まわしを気にしながら戦った私は、あっさりと相手に投げ飛ばされた。

　それから私は真面目に練習に打ち込むようになった。下校中の女の子に笑われても、先生達がちゃかしても、私は一心不乱にすり足や、実践練習を繰り返した。

　一年後、私は同じ大会に出場した。一年間の練習で私は大きな自信をつけた。今度の私の対戦相手は私より数段体の大きい優勝候補の子だった。それでも私は勝つ自信があった。

　試合は私の負けだった。予想外の大健闘と皆に言われたが、負けは負けだ。心の底からの悔し涙を私は初めて流した。

「想定外」続きの相撲部だったが、この二年間が私を大きく成長させたのだ。想定の範囲内ばかりの人生は人を成長させないのかもしれない。

使える！応用テーマ例

自己PRのテーマは、少し視点をずらすことで、「私の性格」「私の学生時代」「志望動機」などに応用できる。「私について」「私を分析する」などには、そのまま使える。

　実例文のような内容なら、「私の失敗体験」などにも応用がきく。


企業の中でどう有効に活用できるのかを考えよう。
◇自己PRは、「自分ではこう考える」（主観、価値観）部分と、「客観的な事実」（経験）を合わせて書くことが大事。たとえば「自分はやってきたチャンスを決して逃さない人間だ」とアピールするのであれば、それを裏付ける（あるいは説得できる）具体的な事実を述べなければならない。
◇「想定外」などのその年の流行語は、出題される傾向が高い。この作文のように、それを自己PRに結び付ければよいのだ。

注意ポイント

◇自分自身を完璧に、「企業が求める人物像」に当てはめる必要はない。自分自身のこういう部分が、志望する企業のこういう部分で生かせる、ということが書ければいいのだ。

テーマ

志望動機（１）

ひょんな人生の分岐点

気がついたら、私は十数人の生徒を目の前にしてゲレンデに立っていた。その数日前、突然知り合いのスキー学校の校長から、人手が足りないので手伝ってほしいという電話を受けたのだ。教える相手は修学旅行生だという。私は快く引き受けた。

スキーは四歳のときからやっていたので、腕前にはそれなりに自信があった。だが教えるとなると話は別だ。タダで好きなスキーができると浮かれていて、このことに気がついたのは、いざ生徒を目の前にしたときだった。さあ、どうしよう。三十近くある生徒の視線が一斉に向けられ、私は不安と緊張で少し体が震えた。ほとんどの生徒が雪に触れるのは初めてというスキー初心者だ。彼らもまた不安でいっぱいのはずである。こちらの不安を悟られないように、まずは思いっきり大きな声であいさつをした。すると、向こうからも負けないくらい大きな返事が返ってきたのである。

その返事を聞いた瞬間、私の不安と緊張はどこかに吹き飛んでし

Hint　発想のヒント

◇志望動機は、履歴書や面接でも必ず問われる質問。だが、どう答えていいか迷っている学生は多い。それはなぜだろう。

ふつうは志望動機がある企業だからこそ、そこの入社試験を受ける。志望動機がなかなか浮かばない人はこの逆なのだ。まずは入りたい企業をイメージで選んでしまう。その企業に入りたいがために志望動機を考える。だからなかなか浮かんでこない。たとえ考えたとしても、自分自身の体験から発生していない、受かろうとして頭だけで生み出したものは、採点官の共感を得ることができないのだ。

◇そこで、志望動機が生まれる過程を考えてみよう。

まった。相手は自分と三、四歳しか変わらないのだ。何も「教える―教えられる」という関係にこだわらなくてもいい。友達同士の感覚で接し、みんなで楽しめることができればいいんだ。こう考えたら、とても気が楽になった。もう怖いものは何もない。

最初はこちらの言わんとすることが、なかなか伝わらず苦労したが、彼らはどんどん上達していった。最後には、急すぎて他の班が板をかついで降りてくるような斜面を、平然と滑り降りてくることができるくらいにまで上達した。

最終日のレッスンが終わった後、「楽しませてくれてありがとう」とお礼まで言われたことは、忘れることのできない思い出である。人にものを伝えることの難しさと、伝わったときの嬉しさを同時に味わうことができ、ものを伝える仕事がしたいと思うようになった。人の生き方とは思わぬことからつくられるものである。

ひとこと！アドバイス

やってしまいがちな、志望動機の失敗例を挙げておこう。「会社案内コピー型」……会社案内の内容に少しアレンジを加えたにすぎないもの／「全企業共通型」……当たり障りのない内容、だがどこの企業でも使えるもの／「新聞評論型」……一般論に終始して、自分の意見がまったく入っていないもの、などだ。

スタートは、自分研究からだ。

1．自分はどんな仕事がしたいのか？
自分にとって仕事とは何か？
自分の資質や自分の能力は？
など、多くの質問を自分自身に問いかける。また、いちばん辛かった体験を思い出してみよう。自分の転機となった瞬間がそこにあるかもしれない。

2．1と同時に企業研究を進める。
（資料請求やOB訪問、店舗見学など）

3．自分研究と企業研究の結果をつき合わせる。自分の特徴と企業が求めているものに接点がない場合は、もう一度1と2をやり直す。

4．自分の意志が明確化される。
（志望動機、自己PRの完成）

◇結局、志望動機に模範解答はないのだ。だが自分研究と企業研究を重ねれば、必ず自分だけの志望動機が生まれるはずである。

テーマ

志望動機（２）

私がテレビ業界を志望する理由

私がテレビ業界を志望する理由は、人を喜ばせたいからだ。とくにドラマ制作に関わりたい。なぜなら、私はドラマに救われた経験があるからだ。

私は子どもの頃から両親と離れ、祖父母に育てられた。両親の記憶が薄く、とくに父親とは、一緒に動物園に行ったり、運動会に参加したりする楽しい思い出がなかった。私は父のことを好きになれなかった。今までの二十年間、私と父の関係は氷のようだった。

しかし昨年ＴＢＳ系列で放送された日曜劇場「とんび」というドラマを観て、私は父との絆を再認識することができた。ドラマの原作は直木賞作家・重松清である。妻を失った父親が、不器用ながらも男手ひとつで息子を育てる、親子の絆を描いた感動の物語だ。

第四話の中で、登場人物のひとりである和尚が父親役のヤスさんに言った。「お前は海になれ」。この言葉が、なぜか私の心にも刺さった。

発想のヒント

◇「志望動機」は、作文・小論文に限らず、面接やエントリーシートなどでも問われる重要なテーマだ。そのため、必ず前もってまとめておく必要がある。

◇このテーマの企業の狙いは、学生の企業・業界に対する興味・関心の度合いを探ること。書き手がどれだけ企業研究を行っているかが見られるのだ（採用担当者は、企業についてきちんと書けているかではなく、正確に把握しているかどうかをチェックする）。

◇では具体的には、志望動機はどう書いたらいいのだろうか。簡単に言えば、「御社で私のこういう部分を生かしたい（だから志望する）」「御社でこういう仕父は私が家に忘れたレポートを仕事が忙しい中わざわざ駅まで届けてくれたり、就職活動を心配している私に電話で三時間話してくれた。そのことで父を、海のように思えた。

私は「とんび」のような、観ている人の心を温めるドラマを創りたい。家族、友達、恋人などは、人が生きるうえでとても大切な人々だ。しかし、忙しい生活の中で、彼らに対する気配りはなおざりになりがちだと思う。それらを再び考え直し、改めて自分を取り囲む人たちとの繋がりを感じるために、テレビドラマは大きな役割を果たせるのではないかと思う。

温いホームドラマを観て、遠方にいる父に電話をしたい、学園ドラマを観て、自分の学生時代に共に頑張った友人を思い出して久しぶりに連絡を取りたい、と思う。観終わったあとに、たとえばこのような温かい気持ちになれて、「明日また頑張ろう」と前を向けるようなドラマを創りたい。

使える！応用テーマ例

「私の将来」「私の人生」「入社したらこんな仕事をやってみたい」「私にとっての○○社での仕事」「私の志望職種」など。これらは結局、自己PRと志望動機を問われていると考えていい。

日ごろから、第三者へ自分の志望動機を語ってみて、その内容がきちんと伝えられているかどうかをチェックしよう。

事をしたい（だから志望する）」だ。このとき重要なのが、自分と企業に接点があること。つまり、自分がやりたいことと、企業が求めていることが一致していなくてはならない。

注意ポイント

◇志望動機を書くには、徹底した「自分研究」と「企業研究」が大前提だ。これなくしては絶対に書けないことをまず心得ておこう。

◇また、自己PRと矛盾しないように気をつけたい。志望動機は、「自分の強み（セールスポイント）は、企業でこう生かせる」「自分の強みを生かして、将来こういうことをしていきたい」と具体的に書くことだ。つまり、志望動機はイコール自己PRでもある。

テーマ　志望動機（３）

ジャーナリストの使命

一国家における多数民族に対する少数民族、先進国に対する発展途上国、いじめる側に対するいじめられる側……。このように、世の中には相対的に強弱の関係が存在する。強者はときとして不当な理由で、あるいは理由もなく弱者を虐げたり、犠牲にすることが多々ある。これは決して許されるべきことではない。強者の横暴を抑制する、何らかの力の存在が不可欠だ。

犯罪に対しては警察という国家の力が存在する。労働者も法や機関などにより一応は保護されている。しかし国に対してはどうであろうか。いまや政治は国民不在だ。水面下で物事が決まり、それが発表されるだけで反対することはできない。

これを抑止する力があるのはマスコミしかないのではないか。世論に訴えていくことにより、受け手に問題意識を喚起させる。民意の反映しない政治に対して、国民が一丸となって取り組んでいくようにする力があるのはマスコミだと思う。

そのマスコミの中心となるのが、ジャーナリストだ。世の中にある、あらゆる情報を収集し、媒体を通じてそれらを受け手に伝える。つまり、ジャーナリストとは情報発信源である「人」と、情報の受け手である「人」とを結ぶという役割をもっているということだ。

たとえば地下鉄サリン事件なら、被害者の人達が事件後いくら困っていても、何らかの媒体を通して報道されなければ、それは広くは伝わらない。その状況を正確に伝え、真実を、現実を訴えていく、それがジャーナリストの役割だ。強者の横暴に対する抑止という使命をジャーナリストが果たすためには、正義感と良心のもとに真実を伝える姿勢、権力やその他利害関係にも左右されない意志、そして何よりも人と人をつなぐものとして、常に他人の気持ちを考えるということが必要である。私は一生を通じて、このようなジャーナリストを目指していきたい。

Advice　志望動機は、「こういう仕事をしたい」「自分のここを生かしたい」を書く。この作文は、これをうまくまとめている。

新聞内定

テーマ　志望動機（4）

私のオススメのアプリ

天声人語の文章を声優が朗読してくれるアプリに出会い驚いてしまった。その名は「聞かせて天声人語」というクイズゲームである。ゲームの内容は、声優が天声人語を読み終わると5問のクイズが出題される。最初の1問は文章の中に答えがあるが、残りは知識問題の構成となっている。全問正解するとアイテムが貰える。不正解の場合は答えを表示してくれず次の問題が表示されるため調べないとわからない。知的好奇心がくすぐられる作りになっている。

アプリを通して天声人語に興味をもったため、気付けば新聞を購読していた。会社の戦略にハマってしまったと感じつつもこれを作った部署と人を知りたくなった。新聞業界のビジネスとしてこれまでにない面白い試みだからだ。

さっそく、大学の就職課にてOB・OG名簿を探して連絡をした。新聞業界に興味をもった経緯を伝えたところ、アプリ製作者にOB訪問の機会をいただけた。

「お待たせしました」と気さくに声をかけてくれたのはアプリを開発した秋田さんだ。もう定年のような年齢だが、エネルギッシュで明るかった。「もう夕方ですね。築地の居酒屋で飲みながら話しましょう」。

居酒屋にて制作の意図について尋ねた。「新聞を読まない人がいるから少しでも触れてほしいと思い企画したんだよ」。広告のつもりで制作したつもりらしい。加えて、人に言われるがまま仕事をやり続けたくなかったようだ。趣味のアニメで仕事になるものを企画、2年後に社内のチャレンジ企画で採用されたのだった。彼は、続けて社内の実情を語ってくれた。これまでの収益モデルは購買で成り立っていたがこれからはそれ以外に力を入れていくと教えてくれた。

まだまだ可能性のある業界だと確信した。人生を賭けて、仕事に捧げたいという気持ちでいっぱいになった。

Advice　新聞業界の新しい試みを、自分の体験とうまく結び付けて書いている。開発の担当者にまで会っているところは、自己PRにもなっている。

テーマ

私の友人について（1）

山根君

初めて話をしたときから、友人の山根君は印象的だった。山根君は、いっしょに話をしていても、「うん」「違うよ」などの軽い相槌を打たないのだ。それまで慣れていた会話のパターンが崩され、私は調子が狂った。

あるとき、私は別の友人と小さな事件を起こした。原因は、私がした曖昧な返事だ。「今度の春休みに、いっしょにインドに行かない」という誘いに、「いいんじゃない」と私は軽く返事をしたのだ。その場の雰囲気に流された曖昧な答えだ。相手はそれを同意と受け取り、その誤解が相手との亀裂を生じさせた。

最初のうちの何とか許してもらおうという気持ちが失せ、頑なな態度をとる彼女に嫌気がさしてきたときだ。

「彼女が怒ったのは、君の曖昧な返事のせいだよ。相手が許してくれなくても、君は悪い態度をとるべきじゃないと思う」

突然の山根君の言葉だった。それから彼は、客観的な意見を述べ

Hint

発想のヒント

◇このテーマで企業は、書き手の人間観、人生観を読み取ろうとする。

つまり、友人について語ることは、自分自身を語ることなのだ。友人をどう見ているかで、その人の人間性が表れる。

◇まずは、自分に何かしらの影響を与えた友人を何人か挙げてみよう。彼らとの関わりの中で、何かを学んだ自分の考えに変化が起きた出来事、それを具体的に綴っていけばいい。

◇実例文では、ある友人とのいざこざによって、山根君という友人のよさを発見した経験を書いている。友人がもっているよさを見抜けるかどうかは、その友人

てくれた。一歩引いた、冷静な視点はとても役に立った。

彼の話を聞いて私は気づいた。彼が誰かと会話をするとき、軽く相槌を打たなかったのは、自分に、そして相手にも誠実であろうとしたからなのだと。今までの私は、適当に相槌を打ち、意味のない言葉を羅列することで、友達と話をしているつもりでいた。私が考えていた「周囲の人間との和を大切にすること」とは、その場をとり繕うことにすぎなかったのだ。誠実さが足りなかったと気づいた私は、怒らせてしまった友人に、誠意をもって謝った。

私が起こした事件で、それまで気づかなかった友人の良さを発見した。同時に、より深い友情を築くためには、自立した自分をもち、自分の態度に責任をもって相手に接しなければいけないことを教えられた。今後は、誠意をもった態度を心掛け、友人を深く理解していきたいと思う。

使える！応用テーマ例

人間関係のトラブルは、誰しも経験があるだろう。この苦い経験をどう乗り越えたか、現在、その経験をどう生かしているかについてはいろいろなテーマに応用できる。たとえば、「私の性格」「私のモットー」「学生生活について」「心に残った言葉」「心に残る出来事」などだ。客観性を欠いた、自己中心的な内容に陥らないように注意したい。

と接する人間の心の問題だ。山根君の長所を見抜いたことを具体的に述べたことで、書き手の人間性が表現できている。

◇また、友人の行動が直接自分と関わりがなかった場合でも、その行動を客観視し、そこから自分が得たものを書くのもひとつの方法だ。

注意ポイント

◇取り上げた友人を、褒めちぎったり、絶賛するだけでは、読み手はしらけてしまう。企業が知りたいのは、友人のことでなく書き手のことだということを忘れないように。

◇また批判や悪口も禁物。書き手の人間性を疑われる。企業は、基本的に人と人との関わりがあって成り立っている。チームワークを乱す可能性のある人間は嫌われる。

メーカー内定

テーマ　私の友人について（2）

私の宝

私が高三になる春、ウガンダ人のビリーが私の家にホームステイで一〇日間滞在した。日本に来た目的は、日本のキリスト教を学ぶことだった。

ビリーは当時二九歳で、ウガンダで牧師をやっている。身長は一八〇センチ以上あり、細身のモデル体型だ。肌の色は真っ黒だが、手のひら、つめ、足の裏が私の肌と変わらなかったのが驚きだった。彼の真っ黒な顔にかけられた銀色の細いメガネがとてもよく似合っていた。

彼の住むウガンダは、ケニアの西にある国だ。旧英国領だったこともあり、国民がキリスト教に熱心であるのが意外に思われた。アフリカは独自の宗教を信じていると思っていたからだ。

ビリーがうちに来たのは、母の友人のウガンダ人の紹介がきっかけのようだ。彼が日本に来るのは初めてで、会話は専ら英語だ。

彼に日本のことを知ってもらうため、花見に行った。花の名前を聞かれ、桜だと教えてあげた。そしたら父が「花は桜木」をそのまま訳して、「インジャパン、フラワーイズ、サクラ」と言った。おかしなことに、ビリーの頭の中には、日本の花がすべてサクラという名前だと記憶されてしまったのだ。チューリップを見ると「サクラ」、タンポポを見ても「サクラ」と言う始末だ。

チューリップやタンポポはウガンダにはないのかと私が聞いた。答えは「ない」だった。どんな花があるのか聞いたところ「花は咲いてない」と意味深な答えが返ってきた。

ウガンダでは、独立をめぐって内紛が起こっていた。町は銃の弾こんであふれ、花など咲いていなかった。心の幸せを多くの人に広める目的でビリーは牧師になったのだ。

日本は、無宗教国家だ。心の拠り所は数多くある。しかし紛争地域は、毎日生きるのが精一杯なのだ。宗教の意義が少しわかった気がした。彼にもらった聖書が私の宝だ。

Advice　ネタ自体の面白さで評価を得ている。チューリップなどがウガンダにはないという当たり前だが意外な事実も読み手に新鮮な印象を与える。

メーカー内定

テーマ 気になる人

祖父のアンプ

生き る上で目標にしている人がいる。今年で八〇歳になる母方の祖父だ。私の実家は岡山で、祖父は兵庫県の三田にいる。

祖父は多趣味な人間だ。パソコン、映画、写真、釣り、他にも色々ある。だが一番好きなのはもの作りだろう。祖父は元技師だ。学校を卒業後、神戸の造船工場で船、飛行機などの整備をやっていたらしい。その後一〇年程勤めて独立。以後は三田で工場を経営した。

祖父はだいぶ前に引退をしたが、機械をいじくるのが好きで、先日、三田に行ったときも真空管アンプを作っていた。なんでも、レコードプレーヤーに使うらしい。

「どうやって材料を集めたのか」と聞くと、廃品回収業者に頼んで見つけたアンプを分解したらしい。そして設計図を作成する。外装の材料も、廃品回収の機械を分解したケースを再利用する。真空管そのものは日本では生産していないらしく、旧共産圏のハンガリーなどから輸入したという。その輸入の作業もインターネットを使い自分でやったらしい。そして組立てだ。中の配線も設計図を見ながら、自分でハンダゴテで全て繋いだ。

後日、祖父の家でその真空管アンプで音楽を聞いた。パソコンのスピーカーとは違った柔らかい、耳を包んでくれるような良い音だった。アンプの外観は無骨だ。むき出しの真空管と祖父自作の配線の通った鉄の箱が縦長のスピーカーの上に乗っかっていて二本の赤白コードで繋がっている。私はそれを美しいと思った。そのスピーカーの武骨さは祖父の職人気質そのものだと思ったからだ。スピーカーを見た時に祖父の心がスピーカーに宿っているように感じた。

八〇歳になっても、もの作りを続ける理由を祖父は私に教えてくれた。

「人生を送る上で一番大事なのは好奇心だ。これを失わない限り、人はいつまでも楽しく何でも学び続けることができる」。祖父はそう言いながら設計図を眺めていた。

Advice　この作文の祖父のように、身内に自営業を営む人がいたらぜひ詳しく話を聞いてみよう。自分にしか書けないネタが見つかるはずだ。

テーマ
いまいちばん関心をもっていること

風呂なしのアパートで

二万七千円。これが私の一か月の家賃である。風呂はなく、共同トイレ、一畳以下の台所に六畳の和室が備わっている。電気、水道、ガスやその他の雑費を家賃に足すと、三万三千円程度となる。これに食費、交通費、通信費などが四～五万円程加わる。合計七～八万円の出費となる。これを、奨学金とバイトで毎月払う。生活は楽ではないが、学費は親が払っているのでそれ程辛くはない。といっても時間は限られている。バイトばかりもやってられず、一か月の収入は八万円程度である。そこで、色々と工夫が必要となる。

まず、風呂がないので、この課題に対処せねばならない。銭湯代は一回四〇〇円だ。毎日行ける値段ではない。銭湯のおばさんに聞いてみると、「都の御達しで料金が決まっているから、これ以上値段が下がることは当分ない」と言われた。三年までは、学校で柔道を受講していたので、週一ではあったが入浴できた。その後、運良くバイト先で風呂施設があって、ただで体を洗っている次第だ。

Hint
発想のヒント

◇このテーマは、典型的な自己PRのためのものである。ダイレクトに「自己PRせよ」というのではなく、「あなたにとって関心のあることを書け」というテーマにすることによって、間接的に自己PRを書かせている。そこから「教養」「交友関係」「知的レベル」「観察力」などを探ろうとしているのだ。これが、マスコミや公務員以外の一般企業でも、最近作文や論文を出題するところが増えている理由だ。

◇この作文は、「何か困難があったときには、それを工夫で乗り越えようとする自分」のアピールになっている。どんな仕事も使えるコストは限られている。そ何もしなければ、金もかからないが、面白くもないし、何より自分にとって進歩がない。よって、読書、音楽やビデオ鑑賞も重要だ。区立図書館へ行けば、本、CDは二週間、ビデオは一週間借りられる。もちろん無料だ。ネットを使いたい時は、二四時間開放している学校のPCルームへ行く。このように、工夫次第では、金をかけずに暮らしていける。

どこへ行っても感じるのは、行政の非効率性であった。ただの所は行政機関が多いのは確かだが、すべては税金から成り立っている。図書館職員など半分の人員で十分だ。障害者の雇用の場としてはよいだろう。建物も台東区の生涯学習センターなど立派過ぎである。私の今一番の関心事は、行政の無駄な支出と人員削減をすれば、シャワーのある公共施設をつくることができるのではないか、ということだ。総理大臣も銭湯に入ってみたらどうか。

使える！応用テーマ例

「いまいちばん関心をもっていること」はそのまま転じて「私の趣味」に応用できる。

これ以外の広がりはあまりない。あえて書くとすると「私のこだわり」などの内面を表現するようなテーマがある。いずれにせよ自己分析をしたり、作文を何本も書いたりして準備しておこう。

こを、各社員は工夫してコストを抑える努力をする。彼の行動は、そんな社会人の行動に通じるものがある。ただ工夫の方法が少し平凡すぎる。

また、前半はおもしろいが後半の展開が唐突で弱い。もっときちん論理展開をすること。しかしラストは嫌味をきかせていてよい。

注意ポイント

◇「いまいちばん関心をもっていること」というテーマは、自分の趣味に走ってしまいがちだ。書きやすいかもしれないがここは我慢する。出題者の意図を考える。そこを頭に入れて書き始める。

◇この模範作文では自分の生活を軸にしているのがわかりやすい。具体的な数字をあげている点もいい。たとえ自分の興味から出発しても、視線はその先の社会に向いていたほうがいい。

テーマ
私の学生活（1）

出版内定

九年目の魔法

　私は、大学二年の時から大学の児童文学研究会というサークルで活動してきた。私が主に参加していたのは、児童文学やファンタジー、ヤングアダルトなどのジャンルから各班員が好きな本を一冊選んで、レポートを行い、意見を交し合う「評論班」だ。

「評論班」では毎年学園祭で一冊の本や作家について、皆で話し合った簡易製本の評論集を販売する。今年のテーマは、多数決で『九年目の魔法』に決まった。『九年目の魔法』とは『ハウルの動く城』の原作者ダイアナ・ウィン・ジョーンズの作品である。その本のガイドブックとなるように仕上げる。

　ところが今年の題材は、難解だった。班員それぞれが、四百ページ以上にも渡るこの長編を二度ほど読んで、二、三度朝十時～夕方六時まで話し合いを行った。作品に対する謎は深まるばかりだった。

「この作品はやめれば良かったかな？」と言うと、皆の顔が曇った。

「とりあえず、もっと色々と調べてみようよ」と同じ学年の山本君

発想のヒント

◇このテーマの企業の狙いは、学生に集中力、積極性、協調性があるかどうかを見ようとするものだ。
◇「学生生活」といっても、その内容は、アルバイト、サークル、ボランティア、旅行のことなど何でもいい。
　大事なのは、その中でもっとも自分らしさの出る体験をひとつ選び出し、的を絞って具体的に書くことだ。「大学二年のときには～のアルバイトをしました。大学三年では～へ旅をしました」など、話題を盛り込みすぎると、かえって説得力のないものになってしまう。
◇また、「～をした」「～をして苦労した、大変だった」で終わってしまってもダメ

が言った。

後輩たちとも協力して、原書にあたったり、作品中に出てくる本にあたるうち、それがヨーロッパに伝わる伝説と深く関係していることが分かった。

五回の予定だった話し合いは十回を越していた。謎は着実に解けていき、協力して原稿を書いた。ようやく、厚さ一センチメートルほどの冊子六十冊が完成した。編集作業は二日間にわたり、締め切り間際に入稿を終えた。

「目がチカチカする」と口々に言い合っていたが、満足できるものを作り上げた時、パート員たちの顔には、晴れやかさと安堵が見てとれた。

結局、冊子が届いたのは学園祭当日の朝だった。苦労の割には、冊子は十冊ほどしか売れなかったが、インターネットのファンサイトで宣伝したところ評判になり、今では通信販売も行っている。


応用できるテーマ例！


「近ごろ感じたこと」「大学生活で打ち込んだこと」「大学時代について」「学生時代に得たこと」「いまいちばん関心をもっていること」「最近感じること」「私のアルバイト体験」などに応用できる。

このほか、「旅」「心に残る思い出」など、日常とは一味違った体験をテーマとして取り上げる場合にも応用できる。


だ。「～をした」結果、その経験を通して自分が何を学んだか、何を考えたか、どういう成長があったかを書き込むこと。

この作文では、『ハウルの動く城』の著者の作品を扱っている。『ハウルの動く城』は有名でも著者までは知らない人が多い。そこに意外性がある。また、自分たちの努力も具体的に入っていてよい自己PRになっている。

Point 注意ポイント

◇サークルと仕事、あるいはアルバイトと仕事を「短絡的」に結び付けないようにしたい。たとえば、「ファーストフード店でのアルバイト経験」から「営業職を希望」では詰めが甘い。「消費者と同じ目線で商品をとらえることの重要性を知ったから、まずは店舗での販売職を希望」程度までは落とし込みたい。

テーマ

私の学生生活（2）

商社内定

師走

「一人も凍死者を出さずに、冬を越しましょう」。越冬斗争と書かれた横断幕の前で、男性がマイクで叫んだ。

私は昨年暮、大阪市天王寺に近いあいりん地区に行った。「西成」「釜ヶ崎」とも言われる、大きな日雇い労働者の町である。その冬は連日のように、派遣切りのニュースが流されていた。私は仲間と非正規雇用についての研究をしていた。あるとき大学の先生からフィールド・ワークとして「あいりん地区」を何人かで見てくるように言われた。

私たちは、JR環状線の新今宮駅で降りて町を歩いた。遠くには天王寺駅、近くに通天閣が見える。「なんだ都会やな」と安心した。しかし南に行けば行くほど微妙に「風景が変わってきた。「一泊一〇〇〇円」という看板の「宿」があり、銭湯なのに男子風呂しかなかったり。

十分ぐらいで中心部の「三角公園」についた。そこでは、炊き出

発想のヒント

◇「学生生活という課題が出るととても困る。なぜなら、特別なアルバイトもしなかったし、サークルにも入っていなかったから」という学生がときどきいる。

そんな人は、勉強について書けないか考えてみよう。勉強は、学生の本分だ。「勉強しかしてこなかった」という人は、堂々とそれを書けばいいのである。

◇あるいは、短期のアルバイトやボランティアを体験してみる、というのもひとつの方法だ。たとえ数日でも、真剣に取り組めば何かしら自分なりの発見、気づきがある。それを作文にすればいいのだ。

しを待つ人だかりがあった。端には、大きな街頭テレビが備え付けられていた。街頭テレビのニュースで、タクシーの運転手が殺され、金を奪われたと言った。

　公園に特設された舞台では、様々な催しが行われた。バンドの演奏の時に、ケータイで写真を撮る人も出て、周囲の笑いを誘った。「次の演目はのど自慢です」と、司会者が言うと、私の周りがざわめき、「よっしゃ一曲歌うか」と言う声が聞こえた。カラオケらしい。

　私たちが想像していた悲壮感のようなものは、そこにはなかった。しかし地元のボランティアによると、年々、人口減少、高齢化でさびしくなっている、という。街並みも大きく変化しているらしい。駅に近い便利なところから、一〇〇〇円の「宿」は外国人や、地方から遊びに来る若者向けの一泊二〇〇〇円の「ゲストハウス」にどんどん「リニューアル」されているという。授業では知ることのできない「現実」を師走の大阪で見た。

使える！応用テーマ例

実例文は、「自己PR」「最近気になったこと」「いまいちばん関心をもっていること」などにも使えるが、「派遣切り」という時事ネタも入っているので社会情勢ジャンルでも応用できる。「まち」「いのち」「決断」などの抽象ジャンルでも使える、応用範囲の広い作文だ。

注意ポイント

◇勉強について書く場合には、専門用語の羅列にならないように注意しよう。専門用語が並ぶと、何となくそれっぽくなるし、いかにも勉強を一生懸命やっているという雰囲気になるかもしれない。しかし読み手は、内容を理解できないどころか、書き手の魅力もつかめないまま終わってしまう。

◇その点、この作文は、大学のフィールド・ワークを、うまく自分の体験として活かし、それを誰にでもわかりやすく表現している。自分で実際に見聞きしたことなので、説得力が出ている。

◇また、作文にはキーワードがあると、読み手の目を引く。この作文では、街頭テレビやゲストハウスがそれに該当する。

銀行内定

テーマ　ガクチカ（1）　転機

全国大会出場を目指し、三年間打ち込んだ走り高跳びは、県大会五位入賞で幕を閉じた。

中途半端な部活なんてもう辞めよう、高校では、タピオカを飲んだりパンケーキを食べたりして、キラキラした生活を送ろう……。中学卒業時、私はそんなことを考えていた。

だがたまたま、〝鳥人〟、ウクライナ人のセルゲイ・ブブカの動画を視聴した。

ブブカは、世界記録三五回更新の偉業を成し遂げた、男子棒高跳の伝説的名選手だ。棒高跳とは、陸上競技のフィールド種目の一つである。ポールと呼ばれる長い棒を用いて、バーを飛び越え、その高さを競う。彼の、背中に羽根が生えたかのような、しなやかな動きに心を奪われた。心機一転、高校で棒高跳選手になることを決意した。

しかし、道のりは決して平坦ではなかった。進学先の神奈川の県立高校陸上部では、私が学校史上初の棒高跳選手だったからである。当初学内には練習環境が皆無だった。私立の強豪校と違い、活動資金も潤沢ではなかった。そこで、ホームセンターで購入した木材から設備を自作した。無心に釘打ちしていると、「スタートラインにすら立たせてもらえないのか」と虚しくなった。

苦労して出来上がった設備での練習は、喜びもひとしおだった。もちろん専門のコーチなどいないため、練習内容は自分で組み立てた。競技に関連する本や論文に目を通した。身体をつくるために、栄養学の知識を身につけた。空中動作を身につけるために、器械体操部の練習に参加することもあった。工夫の結果、記録は徐々に伸びていった。かつて夢見た鳥人に一歩ずつ近づいていた。

三年次で、沖縄で行われたインターハイに出場、三四〇㎝を跳躍し、十七位に入賞した。ブブカとの偶然の出会いが転機となり、諦めかけた晴れ舞台へと繋がった。主食はプロテインとささみ肉で汗臭く泥臭い日々だったが、充実した高校生活だったと胸を張れる。

Advice　自分のマイナー競技での体験をうまく自己アピールに結びつけている。単純で素直な行動力は、書き手の実直さを思わせ読み手をひきつける。

テーマ ガクチカ（2）　ゴミ拾いは運拾い

「バックホームだ！　急げ！」相手チームのベースコーチの大声が背中に聞こえた。

私の目の前で動きを変えた白球は、内野の足元を抜け、どこまでも遠く転がっていった。延長十回サヨナラ負け。電光掲示板には私が犯した「E」の文字。

中学二年生、先輩たちの夏が終わった。八年間、バッテリーを組んだ女房役の先輩は、ミッド越しに歯を食いしばり、膝から崩れ落ちた。「エラーなんてついてないなぁ」。観客席からため息が聞こえる。マウンドから見える最悪の景色に、思わず天を仰いだ。

試合後、監督から各選手に労いの言葉が贈られた。私に向けられたメッセージは、たった一言。「ゴミ拾い、サボっていただろ」。

監督の口癖は「ゴミ拾いは運拾いだ。人が捨てた運を拾い、ツキを呼べ」だった。その呪文のせいで、ソフトボール部の掟は毎朝十分、グラウンドのゴミ拾いをすることだった。

私はエースとしての面目があるので、毎日一応は参加していた。ただ、ゴミなんてそんな滅多に落ちているわけがない。落ちていたとしても、砂の上ではそれほど目立たない。はっきりいって無駄な時間だと思っていた。ゴミ拾いをする十分間で、もっと実践的な練習ができると思っていた。

だが、試合後のたった一言、棘のある監督の言葉にハッとした。「ゴミ拾い」は神様が善行を見ていて、運を味方にできるというわけではない。「無駄だと思われることを無駄と思わずに努力できる心の余裕」を育むものだ。相手選手やボールの動き、複数の要素を瞬時に判断する球技において、余裕を持つことは非常に重要だ。ゴミを拾えるだけの心の余裕と注意力が自身の強さを生み出す。

「ついてないなぁ」。そうため息をついて天を仰ぐよりも、あえて足元を見てみることにした。そして私を成長させてくれる「ゴミ」を見つけよう。

（「ガクチカ」は学生時代に力を入れたことの略。エントリーシートでの必須項目。）

Advice　「ゴミ拾いは運拾い」の言葉に、大谷翔平選手を思い出す担当者もいるはず。インパクトがある言葉なので、冒頭にもってきてもよい。

テーマ
忘れ得ぬ思い出

旅行内定

トンが教えてくれたこと

トンは私の家で生まれた。買ってきたモルモットが、たまたま妊娠していたのだ。「お腹大きいねぇ。太ってるから丈夫なモルモットだよ、きっと」。父とそんな話をしながら買ってきた一匹のモルモットは、一週間後四匹に増えた。小学校四年のときだった。

四匹の中でもトンは長生きだった。脱走したのと人にあげたのと、イジメにあったのとでいつの間にか一匹になっていた。残ったトンは五年生きて老衰で死んだ。

朝晩トンの草を採りに行く。市販のフードも与えていたが、自然のものも与えるようにと店のおじさんは言っていた。それから小屋の清掃。たまに体を洗ってやる。外で飼っていたので臭いは気にならなかった。けれども白い長毛のトンがうす汚くなってくるのに見かねてのことである。たったそれだけの世話でも、五年は長かった。雨の日は嫌だなぁと思った。雪が積もると小屋の掃除は罰掃除のような気分になる。寒いからトンを玄関に入れてあげなさいとか、明

発想のヒント

◇「忘れ得ぬ思い出」というのは、なんとなくセンチメンタルな雰囲気がある。したがって肉親との別れや友人との死別など、たいていの日本人は悲しい出来事を書いてしまう。それはそれでいいのだが、できれば肉親の死亡よりは、こういうペットの死のほうが、読み手としては疲れない。書き方は難しいが、細かい描写を入れることで読み手に感動が伝わるのである。

◇実例文では、ただセンチメンタルに書くだけでなく、学んだこともキチンと書いている。そこが効果的になっている。トンが死んだときの情景も目に浮かぶようである。ここまで書ければかなりのレ

日は雨だから沢山草を採ってくるのよなどと、母は私よりトンに優しかった。トンはかわい気がないのだ。エサを欲しいときは鳴きながらすり寄ってくる。しかしそれ以外は見向きもしない。「エサをくれるなら誰でもいいのか」。よくそう思った。

いつしかトンは老けていた。毛のツヤがなくなってきていた。鳴き声もかすれてきた。ある朝「トンが小屋の前で白い目をひんむいている」と近所のおじさんが教えてくれた。私と母が見守る中、トンは、大きく息をひとつすると静かに息を引きとった。

トンは私になついていたそうだ。私が帰ってくると姿が見えないうちに鳴くから、帰宅がわかった、と母は言う。毎日の世話を通し、私は季節の変化にとても敏感になった。近所の人と挨拶を交わし、談話することも学んだ。トンを通して学んだことは今でも大切な財産である。

使える！応用テーマ例

「思い出」「あの日の出来事」などのテーマに応用できる。過去を振り返るという意味では、ずばり「人生でいちばん楽しかったこと」など。逆に「人生でいちばん悲しかったこと」というテーマも考えられる。

ネタは本番の前に用意しておくことが大切だ。作文で使ったネタは面接でも使える。いくつあっても損はない。

ベルと言えるだろう。

注意ポイント

◇「忘れ得ぬ思い出」というテーマは何でも書ける。実例文はペットの死について書いているが、楽しいこと、非常に面白かったことも書ける。言わば書き手はフリーハンドをもらっているのだから、そこを最大限に利用しよう。

作文を書く際の大事なポイントとして三点ある。ひとつは「明るさ」。次は「面白さ」。最後は「具体的」だ。具体的にエピソードを面白く明るく書いてみよう。五本、一〇本と、書いた本数が多いほどいい作文ができてくる。

新聞 内定

テーマ 心に残ったひとこと

子供の頃、駄菓子屋で

先日、原発事故の映画「Fukushima50」を見るため「アリオ亀有店」へ向かった。アリオへ行く道は普段使わない。再開発され、新築マンションが増えていて驚いた。そんな中、五〇年以上変わらずに存在し続けるお店がある。駄菓子屋「ひろや」だ。小学生の頃、スイミングスクールの後に必ず立ち寄った。

店主の美智子さんはとても元気で子供の相手をしている。駄菓子の種類も多く、店内はいつも子供で賑わい、楽しい雰囲気だった。

その店内に緊張が走ったのは私が小学五年生の時だ。中学一年生のジョンが父親に連れられ、数日前の万引きの謝罪に訪れていた。彼は日本人の父とアジア系アメリカ人の母を持つ。ハーフだが、日本での生活は長いらしく日本語は上手だ。ただ素行の悪さで有名だった。彼は目に涙を浮かべていた。おそらく父親に大目玉を食らったのだろう。父親は開口一番、美智子さんへの謝罪の言葉を口にした。「この度は、うちの息子が大変申し訳ございませんでした」。この言葉に彼女は「いいんですよ。顔を上げてください」と穏やかな表情で語る。「もう二度とこの店には立ち寄らせませんので」と父親が言う。大勢の子供が一部始終を見守っている。美智子さんは大声で言った。みんなびっくりした。

「何言ってるんですか。この店は子供たちのためのお店ですよ。どんな子供も大歓迎です」。そして声のトーンを落として「ジョンくん。また来てね」と微笑んだ。ジョンは泣きながらうなずいていた。

親子が帰った後、子供たちは口々に「おばちゃん、なんで厳しく怒らなかったの」と遠慮なく質問する。普段、彼女は厳しいからだ。美智子さんはポツンと遠くの夕焼けを見るかのように言った。「悪さをするのは、寂しいからなのよ。根っからの悪い子なんていない。私はあの子を信じることにしたの」。

その後彼が万引きすることは無くなったという。

Advice 映画「万引き家族」のような展開を予想したが、そうならない意外性と、子供相手の商売のベテランらしい言葉が余韻をかもしていて良い。

テーマ 忘れられない人　おじさん

「おう、メシ食えよ」。おじさんから威勢のいい声が飛んできた。夕食の時間だ。

私は、大学入学から二年間、家賃月五〇〇〇円、八畳二人部屋、築約五〇年の県人会の学生寮に住んでいた。

一階には、二〇人まで一度に食事を出来る食堂があり、そこを取り仕切っているのが、「おじさん」だ。管理人兼料理人のおじさんは六〇歳で、一〇年以上働いている。名前ではなくいつもおじさんと呼ばれている。風貌は寺尾聡の父親でもう死んだ宇野重吉に少し似ている。東北の出身らしいが、言葉遣いは「べらんめー」調で厳しい。

おじさんは、メンテナンス会社の社員の「派遣」で住み込みで働いているが、どうみても「定食屋のマスター」の雰囲気だ。

食事の時に「いただきます」、「ごちそうさま」の声が小さければ何度でもやり直しとなる。夕食を注文したのに時間通りに来なければ、大きな声で説教だ。

趣味は麻雀とパチンコで、寮内はペット禁止なのだが、猫を飼っている。

そんなおじさんが一人で毎日作る料理は、日替わりで、朝食三〇〇円、夕食四〇〇円だ。毎回食べきれない量を提供してくれる。しかも、おじさんの料理は、少し塩辛いが全般的にうまい。「焼き魚」はとくにうまかった。

大学二年の冬、寮の取り壊しと新築が決まった。おじさんは定年でもあり、これを機会に辞めて、故郷に帰ることになった。おじさんは、東北地方の太平洋側の漁村出身らしい。どうりで「焼き魚」がうまかったわけだ。

寮の取り壊し間近のあるとき、「牛丼一〇〇円食べ放題」の日があった。おじさんは、「もう最後だからな、メシ食っていけ」と言った。その日は、寮生ほぼ全員が食堂に集まった。おじさんは、みんなに向かって、「おまえら、この寮に住んでいたことの誇りをもって、これからも生活しろよ」と言った。今でもおじさんの塩辛い料理が食べたくなる。

Advice ネタが新鮮な作文だ。また、「おじさん」の描写が細かく、会話もうまく取り入れている。「おじさん」の人となりが伝わってくる。

テーマ 私の家族（1）

新聞 内定

母の不在

「ごはんだよ」と毎朝リビングから、母が叫ぶ。そんな何気ないやりとりが、突然、なくなった。

先月末、母が肺炎にかかった。どうやら母の勤務先で飼っている鳥から細菌を貰ったらしい。非常に稀なケースだそうだ。三八度以上の高熱、重い咳が続いた。感染症の専門医のいる病院に入院した。

父は福岡に単身赴任中だったので、その日から、高三、中三の二人の弟と私の三人だけの生活が始まった。長男の弘樹は物静かだが、口を開くと周りを驚かせるような思考回路を披露する。隼人は反抗期の名残があるものの、時折、末っ子らしい甘えを見せる。

大人が一人欠けると、一五畳のリビングが広く感じ、ふと寂しくなる。しかし、たった二日も家事をさぼると大変だ。食器も洗濯物もたんまりたまり、徐々に部屋が狭く感じる。育ち盛りの男子学生との生活だ。カレーのルーがついたお皿や、バレーボール

Hint 発想のヒント

◇「私の家族」というテーマがストレートに出ることはあまりないが、家族モノはいろいろなテーマに応用がきく。

実例文は、実は「雪」という抽象テーマで書かれたものだ。このように、抽象テーマでも使えるし、「私の尊敬する人」「私の友人」「心に残ったひと言」などでも使えるだろう。

◇小津安二郎の映画のように、古い邦画には「家族」をテーマにしたものが多い。家族ものは時代を越えて、人の胸に訴えるものがある。家族をテーマにしたものを練習で何本か書いておくといいだろう。

家族モノの作文は、全体的に評価が高

部に所属する弟の汗臭いユニフォームは放っておけない。私は、主婦の気分をいやおうにも味わった。母の大変さも身にしみた。へたな料理は、スマートホンでレシピを見て、まず簡単なカレーや肉じゃがを作った。弟たちは、姉が怖いのか、文句も言わずに食べた。

　そんな三人の暮らしから、一週間経った時、バイトで帰りが二四時近くなった日があった。洗い残した食器があるなと思いながら帰宅すると、既にきれいに片付いていた。弟二人がこっそりとやってくれていたのだ。思わず笑みがこぼれた。翌朝、「やってくれたの？」と聞くと、「おう！」と少し照れくさそうな表情で答えた。

　先週、母は一か月弱の入院生活を終えた。また以前のように、「ごはんだよ」という母の声が家中に響く。何気ない毎日も決して当たり前のものでなく、そこにこそ幸せがあると気づいた。今後、どんな危機が訪れても、成長に変える強さを持っていたい。

使える！応用テーマ例

「雪」「私の尊敬する人」「私の友人」（友人のような存在としての家族を描く）「私の人生観」（父親や母親などの生き方から影響された自分の人生観など）「私の仕事観」（親や兄弟などの仕事観を通して感じたことなど）

い。両親、祖父母、兄弟・姉妹のことなど自分の家族で何か書けないか、ネタ探しをしてみよう。

注意ポイント

◇実例文のように、対象とした家族の姿がリアルに想像できるような書き方をしたい。

◇実例文は、一見家族のことしか書いていないように見えるが、表現力によって、さらに家族への思いを入れることによって、書き手の観察力、書き手の人物像が伝わっている。

テーマ 私の家族（2）

祖父のクラシックカー

築四十年の実家を売り払い、私たち家族の手元に唯一残ったのは、祖父の車だった。二〇〇四年式のミツオカ製のビュートはイギリス車を模して作ったクラシックカーだ。

長年、軽トラを愛車としていた祖父が、私の保育園の送迎のために購入した。十八年間乗り続け、走行距離が二十万キロにさしかかった頃、祖父が亡くなった。私にとっては祖父からの最初で最後のプレゼントだった。

「あの車はどうするの」と祖父の友人がこぞって関心を寄せた。もちろん、私が乗り継ぐつもりだったが、両親に強く反対された。

「まだ大学生だから、万が一のことがあったら責任が取れない。それに、学生生活に自家用車は要らないでしょ」

母親の言う通りでぐうの音も出ない。しかし余計私は意固地になり、なんとしてでも説得してみせようと心に決めた。

お世話になっているディーラーの井上さんにまず電話をした。

「孫に乗ってほしいとずっと言っていたよ」と励まされ、一緒に維持費を計算してくれた。就職して車を買い換える時に保険料が安くなるよう、計らってもらった。

費用は自分で負担できると分かった上で、再び両親に説明した。もう言い分も尽きてきたので、気持ちで勝負するしかなかった。

「どうしても車を見せたい人がいる」と伝えると、納得してくれた。祖父は生前、四国八十八ヶ所巡礼に三度挑んだ。その道中で出会った人たちから、沢山手紙が届いていたのだ。

「この車に乗ってラーメンを食べに行ったのよ。あれが出会いだったの」

今年のお盆に田口さんという五十代の女性に会いに、徳島県を訪れた。初めて孫の私を見て、飛び上がるように喜ぶのが不思議だった。吉野川の精霊流しに田口家の皆と一緒に参加し、手作りの灯篭を水辺に浮かべた。長野県から、約七百キロも運転してきた甲斐があったと、長旅の疲れが癒えた瞬間だった。

Advice 車ネタは、とくに中高年男性の担当者にウケがいい。作文は、担当者が思わず先を読んでみたくなるネタを探すことも非常に大切だ。

テーマ　読書と私

清兵衛と瓢箪

授業で、藤沢周平や松本清張、山本周五郎、志賀直哉、菊池寛を読まされた。そのなかでおもしろいと思ったのは5点ある。周平は「驟り雨」、清張は「張込み」、周五郎は「さぶ」、菊池寛は「俊寛」、直哉は「清兵衛と瓢《ひょう》箪《たん》」だ。

なかでもとくに夢中になったのが、「清兵衛と瓢箪」だ。まだ十二歳という少年、清兵衛が瓢箪にこだわる。彼の父や教師はその年寄りじみた趣味とそれにかける執念をまったく理解しなかった。

この小説の舞台は解説によると「尾道地方」だ。文にも尾道弁がいっぱい登場する。偶然だが、私の親友に尾道出身者がいるが、いまは瓢箪は尾道では名産ではないらしい。

清兵衛の瓢箪の「磨き」や「鑑定」は独特だ。決して古いのは買わない。新しいのを安く買い、自分で丁寧に一つ一つ手入れする。

ある日、今までにない形の瓢箪、いたって普通の瓢箪を十銭で手に入れた。そこから物語は展開する。清兵衛は、学校へ持ち込んでまで磨き続ける。教師に見つかり、瓢箪を取り上げられて、家庭訪問で小言を言われる。これで終わると思ったら教師に取り上げられた瓢箪の運命が別に展開していく。教師は瓢箪を学校の用務員にあげ、用務員は、骨董屋に売る。この時点で五十円だ。ところが、骨董屋は金持ちの趣味人に六百円で売る。ではここで、どうしてごく普通の瓢箪がこんな高価値のものにまでなったのかと考える。それはやはり、清兵衛の「手」であろう。磨きの執念がここまでの価値をもたらした。さらに清兵衛の目利きである。十二歳でありながら、外で遊びもせず、商人の町を歩き、瓢箪を見て回り続けたために、普通の瓢箪でも手入れで高価値を生み出すことのできる良い素材を選ぶことができた。

この小説は、瓢箪の永遠に価値を持って存在するすごさを教えてくれた。読書でとてもワクワクした、初めての体験だった。

Advice　「若者は本を読まない」というイメージがある。だがこの書き手は、自分の体験を生かして、そのイメージを覆している。自己ＰＲにもなっている。

テーマ　私の特技（1）

テレビ局内定

パイナップルの植付け

　軽トラックにパイナップルの苗が山積みされている。私はこの約三千本の苗を一日で畑に植付けすることができる。

　毎年夏になると私は沖縄県の北東部のある村に農業ボランティアに行っている。友達の「真夏の沖縄の海へ行こうぜ」という誘いに乗ったのが始まりだ。今年で五年連続で行っている。

　全国から、十代から三十代の男女が集まるこのボランティアのことを「パインツアー」と呼んでいる。その名の通りパイナップル農家の手伝いや、マンゴー農家、ゴーヤにヤギに豚と、さまざまな農家の手伝いをさせてもらうのだ。

　パインツアーが始まったのは十年前である。沖縄に観光に来ていた男性が農作業を手伝い「来年は友達も連れてきます」といって今に至っている。今ではエイサーという伝統舞踊を習うというオマケまでついてくる。

　パイナップルは沖縄の酸性の赤土でよく育つ。その畑に三〇セン

発想のヒント

◇「私の特技」は、エントリーシートなどでも問われる場合が多い。特技というと、文字通り「私の特別な技とは？」などと考えてしまいがちだが、「特技なんて、ない」という人が大半だろう。
◇特技といっても特別なことでなくていいのだ。たとえば、アルバイト先で仕事のやり方を工夫したら、今まで1時間かかっていた作業が45分に短縮できた、という経験があったとしよう。これなら「時間の節約方法を編み出すのが特技」と書ける。自分のこれまでの経験で身に付けたものは何か、を考えていってみよう。
◇実例文のようにちょっと変わった内容

チメートルの間隔で、くわを使って植付けをしていくのだ。

　しかしこれが見た目以上に厳しい。まずは腰の骨が折れたように痛くなる。腰を曲げたまま移動し植付けるからだ。また三〇センチメートルほどあるパイナップルの葉は鋭くて固い。葉のふちには細かいとげも付いていて、すぐにパイン傷というすり傷が腕中にできてしまう。なので真夏の沖縄なのに長袖で作業をしなくてはいけない。ひんぱんに水分を取らないと倒れてしまう。

　私はもう五年間も行っているので一つの畑を任される。そして何と言っても最大の喜びは三年後の収穫だ。今年の夏も三年前に私が植付けた苗を収穫することができた。

　世界各地ではげ上がった山への植林が進んでいる。すぐには成果は出ないだろう。しかし続けていれば何年後かに必ず山、川、海の恵みとなって帰ってくる。

ひとこと！アドバイス

　特技は、書道や楽器が得意など正当派のものから「早食い」「どこでも寝られる」などさまざまあるだろうが、特技そのものは、何であってもかまわない。重要なのは、その特技を通して自分が感じたこと、考えたことは何か、という点だ。

だと、より理想的だ。読み手の気を引くことができるし、面接も盛り上がるだろう。

注意ポイント

◇必ず具体的なエピソードを入れるようにしよう。
◇さらに、「私の特技はこれです」だけで終らないようにしたい。具体的なエピソードを通じて私の特技を示したら、そのあとに必ず「その経験を通して何を感じたか」「何を考えたか」を入れ込みたい。実例文では、最後の3行がそれにあたる。

テーマ 私の特技（2）

ふなっしーの視界を気にする私

選挙キャンペーンの手伝いをしてほしい。神奈川県庁の職員である大山さんにそう頼まれたのは昨年の十月のことだ。授業の関係で県庁に出入りする機会があった。

神奈川県選挙管理委員会が私の大学の学園祭で屋台を出した。小さな子ども向けに射的やクイズをすることが決まった。私は当日の手伝いを引き受けた。

十一月三日の朝、屋台の準備が終わると大山さんは「これに入ってね」と黄色い着ぐるみを指差した。

明るい選挙推進キャラクター「めいすいくん」だ。全国の選挙管理委員会で使用されているマスコットだという。黄色いリスに羽がついているデザインだ。

トイレで大山さんに手を借りながら着ぐるみの中に入る。これでは歩けない。私は愕然とした。着ぐるみの中では頭を動かせないのですぐ転びそうになる。大山さんに誘導されながら外に出た。「なんかいる！」と保育園児が駆けてくるが、どこにいるか分からない。

私の身長より下は見えないのだ。手を振ってみると子どもたちの笑い声は聞こえるが、その顔はわからない。上にも下にも横にも顔を動かせずただ真っすぐ前を見つめるだけ。こんな視界は初めてだった。

その学園祭から一年経った今年の十一月、私は埼玉県で開催された「ゆるキャラさみっと」を訪れた。

実物のふなっしーを見るためだ。ふなっしーは船橋市のゆるキャラだ。

ふなっしーが、他のゆるキャラの着ぐるみと違うのは、その激しい動きだ。ゆるキャラサミット当日も、ステージ上で見事な二段ジャンプを披露していた。

私はふなっしーの視界が気になった。あの着ぐるみを脱ぐときが来たら、私は中の人に、聞いてみたい。狭い視界のなかでどんな思いでジャンプしていたのか。このような小さなことを追求する。それが私の特技だ。

Advice　この作文のよさは、書き手の本当の特技は「なんでも挑戦すること」というのが言外に伝わってくるところ。直接的な表現より効果的だ。

テーマ 思い出　駄菓子屋「わた屋」

小学校の通学路に、多くの児童が立ち寄る店があった。駄菓子屋「わた屋」だ。七十歳を超えたおばあさんが切り盛りしていた。

小学一年生のときからその店の存在は知っていた。しかし、下校時はいつも小学六年生が訪れていて、下級生は入りづらい雰囲気があった。腰の曲がったおばあさんが笑顔で小学生に話しかけ、小学生はみな一斉に喋りだす。「わた屋」はいつもにぎやかだった。

小学三年生の夏休み、私は初めて「わた屋」を訪れた。学校のプールの帰りだ。ちょうど誰もいない時間帯だった。少し薄暗い店内に、所狭しとお菓子やお面、おもちゃが並ぶ。

「いらっしゃい」とおばあさんが店の奥から出てきた。「回しに来たの？」と聞かれた。私がきょとんとしていると、おばあさんは店の外を指さした。そこには、ポケットモンスター、セーラームーン、アンパンマンの三台のガチャガチャマシンがあった。おばあさんの話では、上級生はガチャガチャ目当てで来ているのだという。

私は、初めて触るガチャガチャに興味津々だった。母から飲み物代としてもらっていた百円を滑らせる。銀色で少し錆びたハンドルを回す。私は、アンパンマンのボールを手に入れた。

「よかったねえ、アンパンマンはなかなか当たらないみたいよ」とおばあさんは嬉しそうな声だった。私はそのボールを勉強机の上に置いた。使うのがもったいなかったのだ。小学校を卒業するまでの三年間、そのボールを大切に飾っていた。

いま、ガチャと言えばソーシャルゲームのガチャを先に思い浮かべてしまう。ゲーム内でガチャを回すために月数千円使っている友達がいる。その友達は「目当て以外のアイテムはゴミみたいなもん」と言っていた。私はそれを聞いて悲しい気持ちになった。私はもしあのとき当たったボールがバイキンマンでも、大事に保管していただろう。

Advice　この作文は、自分がモノを大切にする人間であることのアピールになっている。文章も短くて読みやすい。具体的な地名が入るとなおよい。

テーマ
私の目標

情報内定

老人ホームの信念

曲がりくねった細い山道を抜けると、こぢんまりとした白い建物が見える。アルメニアン・ナーシング・ホーム。私がボストン留学中にボランティアをしていた老人ホームである。

そこでは、マネージャーやスタッフの他、シーラとアルマという初老の女性が先頭に立って取り仕切っていた。居住者の大半が、アルメニア出身で、半世紀以上も前、トルコによる大虐殺を逃れてアメリカに渡ってきた人たちだ。

そのときに片腕を無くした女性もいた。驚いたのは、目の前で肉親を皆殺しにされたという人もいたことだ。急に私を抱きしめ、泣きだし、わけのわからない言葉を呟きはじめた人もいた。あとで、彼女は私を殺された娘と間違えているのだと教えられた。「ターキー」と発音するとき、彼らは憎しみをこめる。

毎週一回、牧師が訪れ、ミサが行われる。その日は、私たちも一苦労である。一人一人を車椅子で大広間に運ばなければならない。

Hint
発想のヒント

◇目標というと世俗的なことを書きがちだ。金持ちになる、世界中を旅行する。会社に入ったら役員になる。それもいいが、作文・小論文にはレベルの高い、世俗的でない目標を書いたほうがいい。

企業は、このテーマを書かせることによって学生の人生観、思考力、人柄などを見極めようとしている。だからできれば高尚な内容を書いたほうがいいのだ。

実例文の場合では、まず具体的な体験をあげ、そこから自分の目標を導き出しているが、この逆の書き方もできる。

まず、冒頭で自分の目標とは○○○だ、と言い切ってしまう。そのあとで、なぜその目標を掲げているのかの理由を説明どんなに体調が悪くとも、彼らはミサには必ず出席する。全員が揃うと厳かにお祈りが始まり、賛美歌が歌われる。かすれた声でも、懸命に歌う。手が震え、車椅子の生活になっても、彼らは祈ることを忘れない。神に感謝する心をもちつづけている。

　私がもっとも驚いたのは、彼らはこんな悲惨な境遇のなかにいても、いつも神への感謝を忘れない、ということだ。

　それに比べて私はどうだろう。生まれたときから、食べ物があり、着るものがあり、住む家があった。あらゆるものが「あることが当たり前」になっていて、感謝の気持ちを忘れている。謙虚な態度を忘れている。知らないうちに傲慢になっていた部分があると思う。

　現在の自分をとりまく環境は、決して当たり前のことではないのだ。

　私には特別な神はいないが、自分に与えられたものに対しては感謝の気持ちをもっていきたい。それが私の目標である。

使える！応用テーマ例

「私の目標」が出題されることは多い。人生論的な観点では「生きる」「生きるとは」「生きがい」などがある。「いま、欲しいもの」という俗物的な観点で書かせる場合もある。抽象的なジャンルのテーマなら「終点」「峠」なども考えられる。

　いずれにせよ一本、完成した作文を持っていれば怖いものなしである。がんばって書いてみよう。


する。この理由がどれだけ具体的に書けるかで、このテーマの作文の善し悪しは決まるといえるだろう。目標そのものよりも、なぜその目標をもつに至ったかの理由のほうが、その人らしさが出る部分だからだ。さらに、その目標を達成させるために現在どのような努力をしているかを書いてもいい。

Point 注意ポイント

◇抽象的に書かないこと。できるだけ具体的に書く。たとえば、「年収は高いほうがいい」ではなく、「年収は二五歳で五〇〇万円は欲しい」というようにだ。
　その理由も、「役員になったあとは子会社の社長をして発展させ、本社の社長に返り咲く」というようなものでもよい。できれば夢があり、前向きな明るい話がいいだろう。

公務員内定

テーマ　私の得意技

私の目利き力

「はっけよーい、のこったのこった」

祖父が勝敗予想に赤鉛筆で丸をつけた。私は五歳から、中学校で部活動に入部するまで、相撲の場所中は四時半には帰宅していた。同居している祖父と大相撲の勝敗を賭けていたからである。

勝敗を賭けていた訳は町内会の懸賞だった。幕内の番付が毎日配布され、勝つと思う力士に丸をつけるという懸賞だ。そして、場所終了後、成績上位者に景品が配られる。

祖父が元から相撲好きだったということもあり、私たちは毎日番付に食い付いていた。「今日こそ寺尾が勝つと思うよ、おじいちゃん」「いやいや、過去四勝八敗だからね。今日は勝てないのではないかな」。こうした議論も一戦一戦繰り返していると、三十分があっという間に過ぎてしまう。

私の勝敗の目利き力はこうした日々の祖父との議論で養っていった。

小学二年生の秋場所、私と祖父が相撲の勝敗を語り合って三年が過ぎた頃だった。

私たちは町内の懸賞で二等を勝ち取った。景品は小型の持ち運びテレビだった。当時、祖父が一番欲しがっていた商品だった。

これに気をよくした私は、それからも次々と力士の名前を覚えていった。祖父の大好きだった貴ノ浪、私の大好きな寺尾、青森県出身の舞の海等、当時学校で勉強していた九九を暗記するのと同じように必死で覚えた。

当時は若貴ブームで相撲業界全体が盛り上がっていたこともあり、毎場所相撲が始まるのが楽しみだった。そして、この頃の楽しみが高じて相撲の勝敗の目利きは私の特技となった。勝敗を考える上で参考にするのは、過去の対戦成績とその場所の仕上がり具合だ。

しかし、それだけではその日の力士の体調がどうなのかは予測できない。そこがまた、目利きの醍醐味でもある。

最近は、外国人力士も急増している。私の目利き力追究にまだまだ終わりはないようだ。

Advice　地方のオリジナルなネタは評価が高い。核家族化などで都市部の（子供の）生活が画一化しているからだ。地方出身者はネタを生かそう。

放送内定

テーマ　私のオススメの○○○

いもや

「こんにちはー」と私が言うと、何も言わずにおかみさんは、にいっと笑って出迎えてくれる。五十年以上学生を見守ってきた顔だ。

新宿区西早稲田通りから一本それた裏路地に一軒の天ぷら屋がある。「いもや」だ。

客席は十二席程のカウンターで、八十歳近い夫婦二人で切り盛りしている。

店は一見わかりづらい所にありながら、客足がお昼時を過ぎても途絶えることはない。その秘密は、価格とおかみさんの人柄だろう。

自慢の天丼は、海老、キス、イカ、のり、人参、大葉が入って一杯五五〇円だ。ガス窯で炊いた米は、おひつに入れ替えてあり、冷めていても美味しい。その上に、目の前でご主人が揚げた天ぷらを入れて、和風の醤油だしをかければ完成だ。おかみさんが作るしじみのお味噌汁は無料で、五〇円だが手作りのおしんこもおいしい。

「今日はこれご飯と一緒に食べな」

私が丼をつついていると、おかみさんはスプーンでじゃこと青葉の炒め物を入れてくれる。おかみさんからのサービスだ。時には、これがおひたしだったり豚汁だったりと日によって様々だが、おかみさんとよく話すうちにおまけしてくれるようになった。

おかみさんの話は様々だ。一ドル三六〇円時代にハワイへ社員旅行に行った話。母親が一〇七歳の大往生を遂げたという話。先日は二十代女性と飯田橋駅でにらみ合いになったと聞いた。まだまだ元気である。

二人は土日祝日と忌引以外は風邪を引いていても絶対に店を閉めない。「その日しか来られないお客さんもいるからね」と言う。

おかみさんの言葉には、客の時間も貰っているという意味合いを含んでいる。

速くて安い牛丼など外食チェーンは増えているが、「いもや」のように、馴染みになると、気軽に話ができるような老舗は減っている。「いもや」も後継者がいない。私には日本の食文化は危機に瀕していると思える。

Advice　身近な体験をもとにしつつ、作文に社会性をもたせているところがよい。身近なところにも作文のネタは転がっているのだ。

テーマ 私の夢（1）

世の中に役立つ副産物を

子供のころからつい最近まで、聞かれても返答に困ってしまう質問がひとつだけあった。

「大きくなったら何になりたい?」

私にはなりたいものがなかったのである。ピーターパン・シンドロームという言葉があるが、私はまさにこれだった。大人になりたくなかった。正確にいうと、嘘をつきたくなかった。ズルくなりたくなかったのである。

増税反対の公約を守らない政治家のような嘘。「公共事業費」と称して、税金の無駄遣いや特殊法人の見直し先送りなどを平気で行い続ける役人のズルさ。身近なところでは、イジメを見てみぬフリをする学校の先生の不誠実さ。

このようなことが、どうしても許せなかった。大人とはこういうものなら、大人になんかなりたくないと思っていた。年がたつにつれ、「嘘も方弁」という言葉の意味も理解し、子供でいたいとも思わ

発想のヒント

◇企業はこのテーマで、学生が仕事を通じて何をやりたいと思っているのか、どのように将来を考えているのか、を知ろうとしている。

だから「夢」といっても、「透明人間になりたい」「日本一のギターリストになりたい」などの、仕事とはまったく関係ない、非現実的なことを書いても合格点はもらえないのだ。くれぐれも「夢」という言葉に惑わされないように。

◇では何を書くべきなのか。

それは、入社にあたっての自分の決意、抱負だ。もっといえば、「自分はなぜこの会社に入りたいのか。それは○○を実現させたいからだ」「私は○○をやって

なくなった。少なくとも先に述べたような大人にはなっていないつもりである。しかし、将来については何も思い浮かばなかった。

ところが、利益の一部で盲導犬を買い、目が見えない人に提供しているという御社の雑誌の記事を読んだとき、私の考えは変わった。そこには、何の見返りも求めずに、世の中に貢献しようとする積極的な姿勢がみてとれた。自分ひとりではできなくても、企業の力をもってすれば可能なことがある。つまり、自分が企業で地道に利益をあげることが、結果的に世の中の役に立つこともあるのだと知ったのだ。

「将来何になりたい？」「企業人として世の中に貢献したい」

いまははっきり言うことができる。これまで学んできた福祉の勉強を、まったく畑違いの食品メーカーで生かすことによって、世の中に役立つ副産物を生むこと。これが私の夢だ。

注意ポイント

◇「○○をしたい」という仕事への抱負を入れ込むことは大事だが、その書き方に注意が必要だ。
まずひとつめが、あまり具体的にしすぎないこと。たとえば「編集部に配属されたら、私はぜひ○○さん（著名な作家）に原稿執筆を依頼したいと思います」などと書いても、第一線で働いている人から見れば、幼稚な発想にすぎないものになってしまう。また、非現実的な大袈裟なことも避けたい。たとえば、「紙を節約するため、いまある書籍を全面的に電子ブックに変えていきたい」など。現状分析ができないヤツと見なされてしまう。

いきたい。だからこの職種を選んだのは○○の理由だ」「私が御社を選んだのは○○の理由からだ」ということ。

使える！応用テーマ例

「この会社を選んだ理由」「私の生きがい」「十年後の私」「将来の私」「なぜこの業界を選んだのか」「私の信じるもの」などに応用できる。

実例文の内容は、「最近、もっとも気になったこと」などにも使うことができる。抽象ジャンルの「嘘」「未来」などでも応用できる。

テーマ 私の夢（2）

子どもに夢を売る仕事を

最近の子供たちに将来の夢をたずねると、「東大に入って役人になる」といった現実的な答えが返ってきて驚かされる、という記事を雑誌で読んだ。昔のように野球選手やスチュワーデスといった夢のある答えがない、と嘆いているのだ。

しかし、私たち若い世代から見ると、むしろそれは当然のこととして映る。小学生のときから受験勉強を強いられ、テレビからインターネットに至る膨大な情報がたれ流しになっている昨今、子供たちは自分の夢をふくらます以前に、「現実」を目の前に突きつけられる。

私はアルバイトで塾の講師をしたことがあり、そのとき、中学生の生徒たちにこんなアンケートをしたことがある。

「あなたはいま、何のために勉強をしているのですか？」

その答えで最も多かったのは、「志望校に合格するため」であったが、「将来の生活を安定させるため」という答えもいくつか見られた。

発想のヒント

◇企業が「私の夢」というテーマを出題した場合は、「その学生が客観的に自分の現状分析ができているか」を見るという一面もある。

過去の自分、現在の自分の能力を把握する力がなければ、現実的な将来の夢を語ることはできないからだ。

◇企業で働く社員には、現状分析能力が求められる、ということをきちんと頭に入れておこう。なぜなら企業には、「利潤の追求」が大前提にあるからだ。企業広告などでは、国際貢献、社会貢献、環境保護などの言葉をうたっているが、これらもベースに利潤の追求がなければ実現しない。つまり、企業は採用活動でそれ自体は悪いことではないが、果たしてそれが、自分の本当の希望なのか、親から強いられただけの価値観ではないかと疑問に思ったものだ。

これと対照的だったのが、大学時代に所属していた映画サークルの仲間たちである。「将来は映画監督になりたい」と広言し、その夢に向かって突き進んでいく仲間が何人もいた。彼らは学校での成績はさほど良くなかったようだが、自分自身の夢を追い求める姿は輝いていた。

こういう人たちを見てきて感じるのは、いまの教育に「夢を育てる」という要素が欠けていること、そして自分の将来をじっくり考えないまま生きている人が多いということだ。

私は、コンピュータは人に夢を与えることが可能だと信じている。仕事を通じて人に「夢」を売ること。これが私の夢だ。

ひとこと！アドバイス

結局「夢」というテーマは、仕事に対する自分の決意や抱負を語ること。となると、おのずとその企業の仕事内容をどれだけ把握しているのかが問われることになる。OB・OG訪問などを行い、企業研究を丹念に行っておこう。

流通業界などでは、店舗訪問をしたことを前提に、採用担当者が作文や小論文を読む場合もある。

「利潤を生み出す人材」を探しているともいえる。

だが学生はこの点を見逃しやすい。その結果、作文や面接で絵空事を述べてしまう。とくに「私の夢」といったテーマの場合には、要注意だ。絵空事を述べていると、「この学生は仕事のうえでも、採算を度外視したことをやりかねない」と思われてしまう。

「自分は○○をしたい」という「夢」を語る際には、それが現実を正確にとらえたものかを、もう一度チェックしよう。

テーマ

私の趣味

出版内定

野球に表れた日米の差

私の趣味は野球だ。父の転勤でアメリカに住んだことがある。高校時代だが、そのときの野球がもっとも印象に残っている。練習は日本の高校野球と比べものにならないくらい楽である。週末の練習はない。練習は毎日三時に始まり六時に終わる。内容も筋トレなどの体力アップ的なものはまったくない。バッティングと守備の練習だけであった。日本で少年野球に所属し、毎日厳しい練習をしていた私にとっては楽すぎた。

しかし、現実は甘くはなかった。試合に出されても私は全く打てなかったのだ。みんなと同じ練習メニューをこなしているにもかかわらず打てなかった。そして打順も九番まで落とされた。しばらく私はなぜだろうと悩んでいた。

ある日の夕方、練習終了後に私が帰宅の用意をしていると、チームメイトの数人がユニフォームからトレーニングウェアに着替えていた。私は「何をしているんだ」と聞いた。友人は「ちょっと筋ト

発想のヒント

◇趣味というとさまざまなことを思いつく。実際には題材はなんでもよい。

しかし、就職の自己紹介の場合は自己PR的な要素を入れる必要がある。それが大切だ。

また、単に趣味に関する体験を書くのではなく、「自分独自の考え方」を入れ込むことも重要。

◇この作文では、アメリカの高校の野球部員を取り上げている。彼らは、指示されなくても自主的に練習をする。そのチームメイトを知ったときの驚きを、国民性に結び付けている。上から指示されてそのとおりにやる日本的な発想からすると斬新である。

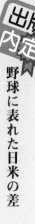

レをしたいからジムに行くんだ」と答えた。私は驚いた。彼らは自ら率先して練習終了後ジムに行き、体力アップを図っていたのだ。与えられる野球の練習のほかに、自分のレベルを高めるために陰で努力をしていた。まるでプロのスポーツ選手のように。自分のことは自分でという責任感が強いのだろう。私自身どこかに他人まかせの甘えがあったのだと思う。その違いが野球で表れた。アメリカの人は学生でもこの「プロ意識」を持っている人が多い。自分で責任をもって行動し、自分の地位を高めている。トッププロ選手の給料が高いのは彼らの行動力の結果を示すものであろう。アメリカ人がこのような考えをもったわけは「国境のなさ」があるのではないか。あの国は実に多くの人種が集まってくる。その中で自分の存在感をアピールするためには、自分で責任をもって当たり前のように努力していく。そうしなければ生き残れないのだ。

応用できるテーマ例！

趣味をテーマにした作文は多い。自分の人柄をアピールするには適したテーマだ。

練習のために一本は、書いておく必要がある。

ほかに応用できるタイトルとしては、「私が学生時代に励んだこと」「私のお勧めの○○」「私の特技」「私がいま夢中になっていること」などがある。

注意ポイント

◇書くときのポイントはデータを入れること。地名、人の名前、学校の名前などをとにかく具体的に。それは読み手にイメージを与えやすいからだ。またあることを主張しても、具体的に裏付けがないと説得力は出ない。

この作文では、地名や高校名、野球のポジションが明記されていないが、入れるとより具体的になってよい。さらに結果として自分はどうがんばったのか。「決意」のようなものが語られているともっとよいものになったはずだ。

テーマ
最近、もっとも面白かったこと

新聞内定

山手線車内でのできごと

ぎりぎりセーフで駆け込んだ山手線車内は満員だった。そのとき、「いたこのいたろう」がどうのこうのと誰かが歌っていた。すぐに遠くの座席に座っているおじさんだとわかった。私は面白そうなので人混みを分け入っておじさんのもとへ進んでいった。まずは少し距離をおいて観察する。おじさんの年齢は五十歳くらい。ぼさぼさの髪にはフケらしきものがいっぱいだ。よれた茶色のシャツに紺の細身のズボン。そして何より目を引いたのが素足に健康サンダルをはいているところ。健康に気づかっている浮浪者なのだろうか。左手には飲み干した日本酒のカップを持っている。ほろ酔い気分で鼻歌を歌っており、気持ち良さそうだ。車内は混んでいるというのに、おじさんの周りだけは空いている。席の両隣もあいていれば、おじさんの前に立つ人もいない。あまりの露骨な避け方にかわいそうになり、私はおじさんの横に座ってみた。お酒と汗の混じったような妙なにおいがした。

Hint
発想のヒント

◇「最近、もっとも面白かったこと」は何でも書けるテーマである。逆にいうとその人の個性や能力や教養や知性といったものがすべて出てしまう。気をつけないといけない。一発勝負なのである。だから全力をあげて、いいネタで書こう。ネタで作文全体の善し悪しの八〇％以上は決まる。そのネタを探すには観察力が必要だ。さらに好奇心も必要だ。つまりいいネタで書けるというのは、観察力と好奇心の豊かさを証明していることになる。

◇この実例文は実際の体験に基づいている。この作文は毎日新聞をはじめ、光文社など大手のマスコミの筆記テストすべ

「姉ちゃんも長くねえんだから、人生楽しんでおかねえとな……」

大声で説教をされた。皆が私を白い目で見る。彼に反論するのも気が引けるので、ひたすらうなずいて彼の話に耳を傾けた。新宿から田町まで、およそ二十分間、彼の独演会は続いた。

彼は奥さんに逃げられたらしい。いまはどこにいるのやら、と言う。ひとりで孤独に生きるのがいちばんいいと強がるが、寂しそうだ。また、自分はろくでもない酔っぱらいだと言い放つ。しかし、そんな彼にもひとつだけ夢がある。「俺は死んだら雪の中。雪の中で孤独に死んでいくのが夢だよ」。隣にいる私は、何かされたらどうしようと気が気でない。しかし彼の言葉のひとつひとつに不思議と感動を覚えた。最愛の奥さんを失い、何もかもやる気を失った彼の頼りは酒だけだ。あとは孤独な死を待つばかりだと言う。なんだか私は、おじさんを単なる「浮浪者」と呼んではいけない気がした。


応用できるテーマ例！


「今日の出来事」「私の好奇心」「私の周囲で流行していること」「アクシデント」など、かなりの範囲で応用できる。一本は完成作文を持っておく必要があるだろう。

自分だけで満足するのではなく、友人にも見てもらうと客観的な評価が得られる。できればアルバイト先の社員の人などにも見てもらうといいだろう。


てを突破した作文だ。それほどインパクトがある。

花の女子大生がとてもホームレス風の酔っぱらい中年男性の相手をするとは思えない。好奇心と優しさがあいまじりながらホームレスのおじさんを見ているのである。とりわけ注目されるのが観察力だ。実によく見ている。乗客も社内の様子も。鋭い観察なので面白い。

注意ポイント

◇あれこれと話題を盛り込みすぎないこと。ひとつのテーマで一貫させることが大事だ。八〇〇字なり一〇〇〇字では、複数のことを書くとスペースがなくなる。この作文のようにひとつのネタで終始するのがよい。
また、嘘は書かないこと。プロはすぐ見破る。

テーマ　最近の出来事　中秋の名月

新聞内定

十一歳の頃に川崎に来た。早十年だ。駅から続く商店街の一番奥に「ふき屋」という団子屋がある。団子だけでなく、巻き寿司とソフトクリームまで販売する店だ。職人は七十代のお爺さん。表には同年代の奥さんと四十代くらいの息子のどちらか一人が立っている。

コロナ禍もあり、商店街の半分はシャッター街に。ふき屋も店の前にかつてあったベンチを撤去した。

「ベンチに座ってソフトクリームを食べる子供たちの笑顔を見るのが風物詩だったのにね」。草餅を三つ買った際に、お婆さんが呟いた。コロナ前は商店街が「ちびっ子広場」という夏祭りを開催していた。子供の姿が減ってしまったことがお婆さんは一番悲しいという。

お爺さんが横から見えたので、「この店はいつからあるんですか」と思い切って聞いてみた。「もう三十年かな」。寡黙そうに見えたお爺さんの粋のいい声が響く。コンビニで自由に団子が買える時代ではなかった創業当時の方が、お客さんはうんと多かったそうだ。

コロナ禍で売上がかんばしくない時は、値下げをしているという。次の日も団子を買いに訪れると、きな粉餅が幾つも入ったパックは四百円から二百円になっていた。破格の値段だ。「今日も来たね」とお婆さん。すっかり顔見知りだ。

今年の中秋の名月の前日、九月二〇日のことだ。お月見団子を買いに訪れると、珍しく息子さんがいた。「そういえば、うちのきな粉は甘さが無いから、甘いのが好きなら砂糖を足してね」。会計時にアドバイスをもらった。笑うと細くなる目がお爺さんとそっくりだ。団子を受け取って帰ろうとしたその時、「ススキを一本どうぞ」。ふき屋の服を来た見知らぬ男性が立っていた。聞けば、彼は次男で、連休中に家族で実家に戻ってきたそうだ。

コロナ禍でも家族で支え合って切り盛りをしている姿に胸が熱くなった。この厳しい状況をどうか乗り越えてほしいと願う。

Advice　ラストの観察が、団子屋の家族関係の良い描写に繋がっている。人情話になっていてとても良い。コロナ禍という時事性がある点も◎。

テーマ　最近面白かったこと

見世物小屋

　ＮＨＫ連続テレビ小説「あさが来た」が好調だった。この番組は、江戸後期を舞台としている。日本の近代化の始まったその時代の活況は番組の人気にもつながっている。それらを象徴するものの一つに、見世物小屋がある。それは演者や動物による珍奇さや低俗さを売りにした。江戸後期には全国に三百軒もあったといわれた。その数は昭和以降に減少し、現在は一軒のみと言われる。

　私は一一月に唯一の見世物小屋がある、新宿、花園神社の酉《とり》の市を訪れた。

　出店が並ぶ西側の参道を一つ外れたところに、その見世物小屋はあった。何か見せてはいけないもののように周囲から一線を画されている。ピンクと赤の過激な色をした看板と垂れ幕が、異世界への入口だ。八百円で暖簾をくぐると、既に見世物は始まっていた。狭く薄暗い舞台で、青いスパンショール衣装の女性の三人が、中毒性の高い音楽にのせて踊る。その中央で、一人の女性が長い風船を飲み続ける芸をする。よくある大道芸だ。次は河童娘という、頭に皿を乗せた着物姿の女性が現れた。彼女は蝋燭《ろうそく》の火を口に入れる芸を見せた。一通りの公演が終わったとき、私は落胆した。見世物小屋伝統の、生きた蛇を食う蛇娘が現れなかったからだ。

　帰り際に、料金を徴収する七十歳ほどの女性にそのことを尋ねた。「今年は環境庁、動物愛護団体からの抗議で出来なくなってしまったのよ。四百年も続いていたのに」。笑いながらも、どこか寂しげな目で話すのは〇さんだ。彼女は、一家代々、見世物小屋を営んできた。かつては動物を用いた見世物小屋も多く、人気であったが、倫理的問題を指摘され、現在は廃止している。「見世物小屋はあと十年も、持たないよ」。彼女のその言葉が印象的であった。

　江戸から受け継がれる生業が、風前の灯になっている。文化と倫理のせめぎ合いを、花園神社で目のあたりにした。

Advice　冒頭の「あさが来た」の導入場面は不要のように見えるが、世の中に活気のある時代と倫理がすぐに問題にされる現代との対比の上で必要だ。

テーマ 気になる映画

放送内定

『ゆきゆきて、神軍』を観て

原一男監督の映画『ゆきゆきて、神軍』をビデオで観て、私は高校生時代を思い出した。

私が通っていたのは、広島市のはずれにある県立A高校だ。創立百年を超す、県内最古の公立高だ。

私が入学して一番驚いたのは、その自由な校風でも、東京ドーム二個分という広い敷地でもなかった。「日の丸・君が代を考える会」が毎回行っていた日の丸・君が代反対運動だった。自由な校風でありながら、卒業式や入学式などの行事では、日の丸が必ず掲げられ、君が代が歌われる。それに反発した学生たちが会を作ったのだった。

彼らは、毎日のように昼休みや登下校時間に、学生にビラを配り、放送で主張を訴えた。「君が代の意味をみんなで考えよう」「日の丸を掲げるか否かは学生が決めるべきだ」と。その彼らの存在が、真相を究明しようと必死に関係者をたずね歩き、街宣車に乗って主張をする、映画の主人公、奥崎謙三さんに似ていると感じたのだ。

私は陸上部の練習に打ち込んでいた。興味のなかった君が代の問題も、彼らの運動を通じて、初めて自分の頭で考えるようになった。彼らの運動は、私が卒業するまで続き、日を追うごとに学生の関心は高まった。卒業式直前の学生投票では、九〇％以上の学生が参加、君が代・日の丸に反対が大多数だった。この結果を校長に知らせに行き、五時間以上かけて、話し合いが行われた。しかし、校長の決定はくつがえらなかった。卒業式当日は例年通り君が代は斉唱され、日の丸も掲げられた。

彼らの運動は、校長の決定を変えられなかった。しかし、学生の社会問題への意識を大きく変える効果があった。

奥崎さんの運動もそうではないか。もう死んだ兵士の命は戻らないし、天皇も謝らないだろう。それでも、太平洋戦争の「真相」の一端を解明することになる大きな功績を残したと思う。

Advice 原一男監督の映画『ゆきゆきて、神軍』は一度は観ておきたいドキュメンタリーだ。それを自分の高校時代と上手に結び付けている。いい感想文だ。

テーマ　気になる本　曾祖父と絵本

私の祖母はとても元気だ。八三歳とは思えないつるつるの肌がチャームポイントで、人当たりが良く話し好き。そんな祖母が大好きで、私は小さい頃からおばあちゃん子だった。

二年前の一月、祖父母の家が全焼した。群馬県太田駅から車で一五分程走ると見えてくる大きな家は、今では更地となっている。祖母は「命が助かったからいいの！」と笑った。だが、そのあとぽつりとこぼした言葉が、私の頭から離れなかった。「お父さんの思い出が燃えちゃったのは、少し寂しい」。

私の曾祖父である牧田克次は、南京一番乗りで活躍した軍人だ。その武勇伝を、祖母はよく聞かせてくれた。「牧田伍長は絵本にも載っていたのよ」と楽しそうに話す祖母を思い出す。その絵本を、もう一度見せてあげることはできないだろうか。

色々と探していると、講談社の絵本シリーズが目にとまった。タイトルに支那事変を含むものがいくつかあったのだ。国立国会図書館にあるらしい。祖母に伝えると、すぐに「行きたい！」という返事が返ってきた。

ふたりで国会図書館に向かった。デジタル化した資料をパソコンで閲覧することができるようだ。早速めぼしいものを見ていく。私がページを進め、祖母が「これじゃない」と言う。それを繰り返している内に一冊目が終わった。「ここまで来てくれたのに、見つからなかったらどうしよう」と急に不安になる。一冊目の『支那事《じ》變《へん》大手柄繪《え》話《ばなし》』を開いた。すると、二四ページ目で祖母が「あっ」と漏らした。そこには、左手で刀を握り、右手で日章旗を高く揚げる軍人の姿が描かれていた。説明文には、先頭切って敵陣に乗り込む牧田伍長を見て、勇気を出した兵士たちがそれに続いたと記されている。「またお父さんに会えるなんて」と祖母は少し涙ぐんだ。

祖母は、資料のコピーを「宝物だわ」と言って、大事そうに見つめた。そんな祖母を見て、私も少し泣いた。

Advice　漢字が多いので、減らすように工夫するとより読みやすくなる。できれば南京事件との絡みも付け加えるとよいだろう。

テーマ

私の理想

通信内定

「寅さん」と私

私の憧れの男性ナンバーワンは、「寅さん」である。山田洋二監督のシリーズ『男はつらいよ』で、渥美清が演じていたフーテンの寅だ。自由気まま風の吹くまま、トランクひとつを引っさげて日本中を歩き回る。何ものにもとらわれない寅さんの自由な生き方を見るにつけ、私は羨ましくてたまらない。

渥美氏が亡くなったとき、おおくの国民は悲嘆に暮れた。死後、渥美氏には国民栄誉賞が贈られ、日本人の寅さんに対する思いの深さを象徴している。なぜ、寅さんはここまで国民に愛されたのだろうか。

その大きな理由は三つある。

一つは『男はつらいよ』第一作目が、高度成長期の最中に上映されたことだ。戦後の復興期を終え、都市部には巨大工場や高層ビルが建ち始めた。寅さんの「生家」である、葛飾区柴又のような下町には多くの中小企業が生まれた。資本家に追い立てられ、

Hint 発想のヒント

◇「私の理想」というテーマはよく出る。このテーマに対しては会社によってスタンスを変える必要がある。メーカーならば、職人技に対して未だに社内の評価が高いことから、「理想の物づくり」にかける情熱のようなことを熱く語るといいだろう。

またひとつの技術にこだわる、ひとつの製品を愛する、そういう素養も求められる。その観点で書くといいだろう。

◇メーカー以外でも、やはり、「こだわり」の大切さを強調するといい。銀行であれば生真面目さ、建前的になってもやはり「銀行など金融機関のあるべき姿」はこういうもので、という点をしっかり

苦しい生活を強いられた下町の人々は、「とらや」の人々や隣の印刷工場を経営する「タコ社長」の苦労に大いに共感したに違いない。

二つ目は、寅さんに象徴される、根無し草精神だ。日本の歴史には、「出家」という道があった。出家とはすなわち、世捨て人の思想である。西洋では修道僧になるには、厳しい戒律を守ることが必要だ。日本でもそれは同じだが、家族との縁を完全に断ち、人里離れた山奥で下界と隔たって暮らす度合いは、西洋とは比べ物にならない。寅さんが日本中を放浪し、すれ違う人々を巧妙な話術で虜にするのは、僧侶の説法によく似ている。

三つ目は、寅さんの持つ哀愁とユーモアだ。西洋のヒーローは、常に完全無欠のスーパーマンである。

私は、この寅さんの精神ひいては日本人が大切にしてきた心を忘れないようにしたい。

応用できるテーマ例！

「私の理想」というテーマは、そのまま「私の」をとって「理想」として出されることが多い。「理想の人」のように人物を書くことを「指示」される場合もある。「理想郷」やそれを代表するという意味で「エル・ドラド」のような変わったテーマが出ることもあるが、いずれにせよ自分の考えをストレートに真面目に書くとよい。

とアピールする必要がある。

注意ポイント

◇私的なことを書きすぎないこと。ひとりよがりになってしまうからだ。これが「私の理想」というテーマでの落とし穴である。

しかし、あまりに一般論で書くと平凡になり、ほかの人との差別化を図れない。そこを注意する。

抽象ジャンルの書き方のポイント

Point

切り口の面白さで差がつく。

まず、採用試験の作文・小論文が採点されるときの状況を考えてみよう。第一章でも触れたように、ひとりの試験官が読む作文・小論文の量は半端な数ではない。となると、似たような内容や抽象的な作文・小論文は、どんどん読み飛ばされることになる。

実は、似たり寄ったり、あるいは抽象的な内容になりがちなのが、このジャンルのテーマだ。

ではどこでほかの人の作文と差をつけるか。それはテーマの切り口である。まずは、自分の体験を踏まえて、身近なもので連想してみる。

たとえば「橋」というテーマが出題されたとしよう。横浜ベイブリッジ、瀬戸大橋などの「橋」を考えることもできるし、国と国、あるいは心と心を結ぶ「架け橋」としてとらえることもできる。家の近所にある橋を取り上げ、それに絡むエピソードをもってくるということもあるだろう。この切り口で（どこに注目するかで）どれだけ独自性が出せるかで、作文の善し悪しが決まるといってもいい。

このとき気をつけたいのは、「お決まりの発想・言葉」を使わないようにすること。たとえば、「時」というテーマに対し「時は金なりと言うが……」としたり、「道」というテーマに「道といえば高村光太郎の『道程』を思い出す」などとは絶対に書かないことだ。誰もが考えるような発想は、実際に多くの学生が考え、書いている。読むほうは本当にうんざりしてしまうのだ。

Point 真っ正面から取り組むな。

このジャンルのテーマは、真っ正面から取り組むと、観念的で抽象的な内容になってしまう。たとえば「勇気」というテーマに対して「勇気とは何か」「私が定義する勇気とは〜である」と考えても、漠然としたものにしかならないのだ。

観念的な言葉を使うのは男子学生に多い。なんとなくもっともらしくはなるが、出来上がった文章からは書き手の人物像が見えてこない。これでは失格なのだ。

もっと細かいことを言えば、冒頭にテーマの言葉をそのままもってくるのもあまりよくない。「情報」というテーマに対して「情報といえば〜」「情報とは〜」と書き出すのは、あまりセンスがいいとはいえないのだ。

Point 具体的に書く。

ではどう書いたらいいのか。

やはりこのジャンルのテーマでも、具体的なエピソードを書いていくことが大事だ。しかもその体験は、テーマとうまく関連しているものでなくてはならない。

だがこのとき女子学生が書いてしまいがちなのが、身辺雑記風作文。こういうことがありました、ああいうことがありました、と事実をただ淡々と述べ、その最後に「よい人生経験になった」などのひとことでしめくくって終わってしまうパターンである。

大事なのは体験そのものではなく、その体験を自分がどう受け止めたかだ。採用試験の作文は、そこをしっかりアピールする必要がある。

保険内定

テーマ　顔

上海の自転車屋で

「我不要小費（チップはいらない）！」

私がチップを渡そうとすると、手を油でまっ黒にしたおじさんはそれを頑なに拒んだ。

上海の復旦大学に留学した時のことだ。留学生の友人でセネガル人のジャンが自転車をパンクさせた。彼は中国語が流暢でないため、私に付き添いを頼んだ。

上海は一本道があれば必ず一つは自転車屋がある。中国の自転車はよく壊れる。しかも、自転車屋は自分の店の客のものしか直さない。そんな中、私たちが見つけたのが南京西路から二キロはある路地裏の修理屋だった。初老の男性が一人で黙々と錆びきった茶色の自転車をいじっている。

修理を頼んでみると、いかにも職人という気難しい表情で尋ねられた。

「故障したのはどこだ？」

「前輪のパンクです。確かこの辺り」

すぐに彼は作業を始めた。それは実にスムーズで、二分とかからず、自転車は直った。

修理費は五角（当時六円ほど）でよいと呟くように告げた。バス代が一元で、その半分の値段だ。私もジャンも驚いた。

「外国人とみるとお金をぼったくる」と留学生はいつも嘆いている。それが、この修理屋は違った。こんな良い仕事をされて五角ぽっちでいいなんて信じられない。

「五元はチップを渡すべきじゃないか」とジャンは五元を渡した。ところが、職人は手でそれを拒んだ。私たちはなおも「感謝の意味だ、受け取ってほしい」と続けた。すると「私は自分のした仕事分しか金は受け取らない」と強い口調でそれを拒んだ。

結局、チップは渡せなかった。

私たちは恥ずかしくなった。今まで中国人は貧乏で強欲で、仕事はいい加減だと思っていた。でもよく考えると「本当はあんな人もこの国にはたくさんいるのだ」と思うようになった。いまでも自転車屋を見ると、あの老人のチップを拒否した時の顔を思い出す。

Advice　この作文のような「人情もの」は、マスコミで好まれる。最後の「本当は～」の部分で、職人気質に国境はない、という主張をしている点がよい。

テーマ 声

叫び

新聞内定

「どれだけ叫べばいいのだろう。奪われ続けた声がある」

二〇一三年一二月、かじかんだ手を、隣に並ぶ親友がぎゅっと握りしめてくれた。

「朝鮮学校の生徒に学びの権利を！」

東京・虎ノ門、文部科学省の旧庁舎前に、六〇〇人余りの朝鮮学校に通う高校生、卒業生が集まった。夕方一八時、仕事を終えた会社員が、学生らの吐く白い息を横目に、足早に通り過ぎた。

「聞こえるかい？ 聞いているかい？ 怒りが今また声となる」。仲間と肩を組み、叫び続けた。この声が文部科学省大臣に届くまで。

朝鮮小学校二年生の頃、私のクラスは約三〇人で、校内でもっとも生徒数が多かった。一学年一クラスで構成される朝鮮小学校だが、新一年生は一六人だ。作れる友達は私よりも二倍少ない。

ある日、突然クラスメイトが転校した。場所は聞かされなかったが、日本の公立に編入するのだそうだ。それから四年後の卒業式当日、担任の先生は、元気で活発と名の知れた我がクラスの名簿を読み上げた。その数はわずか二〇名だ。

一人、また一人と日本社会にそっと溶け込み、ひっそりと生きていく。まるで朝鮮学校の生徒であった事実が遠い昔であるかのように。日本名を名乗り、日本学校へ進学する。隣で学んでいた親友がどんどん私を置いていく。もう、大事な友人を失いたくない。私は隣で叫ぶ友の手を力強く握り返した。

午後十時、ようやく我が家に帰宅した。「寒い中、お疲れ様。温かいお茶飲みなさい」母親が玄関先で迎えてくれた。「ありがとう」と言いたくても、声が出なかった。叫び続けた喉は、いつの間にか血の味がした。

朝鮮学校が除外されたまま、高校無償化制度が始まり、今年で7年目だ。二〇一七年七月十日、今日も虎ノ門で渇ききった声を振り絞る。「どうか、私たちに学びの権利を」。

Advice 論作文とは、そもそも何かを主張する、表現するもの。この作文は、社会性があり、書き手の主張がクリアに伝わってきてよい。

テーマ

選択

発想のヒント

◇「選択」というテーマもよく出題される。これまでの自分の人生における選択を思い出してみよう。受験、サークル、旅行、アルバイトもいわば選択だ。しかし、そういう過去の経験というのは必ずしも面白いものがあるわけではない。その場合は「他人の選択」を描写することになる。これには題材は豊富だ。

◇実例文では、吉永小百合主演の有名な映画『キューポラのある街』を引用している。

　この引用でかなり得点は高い。なぜなら採点者の世代は必ずといっていいほど観ている。それを意識しているからだ。その名画と自分の周囲にいた一家の「選択」を見事に交えて書いている。

◇このように自分の選択ではなく他人の「選択」でもドラマティックであればいい。また時事ネタとしても飢餓に苦しむ北朝鮮（朝鮮民主主義人民共和国）の現状に触れていてよい。つまり現代的なネタも評価のポイントのひとつになる。

注意ポイント

◇「選択」はともすると人生論になりがちだ。したがって、できるだけ自分の意見は抑えて客観的に書くべきだろう。そうしないと重くなってしまう。

◇実例文では、ラスト以外は淡々と表現している。意見をダイレクトに言うのではなく、事実の積み重ね自体で自分の主張をする方法だ。

ひとことアドバイス！

　自分の過去の「選択」を振り返ると、誰でも思い出すのが高校・大学受験。そのときの苦労を書く学生は多い。たしかに受験の苦労は並大抵のものではないが、誰もが通ってきている道であることも事実。受験の苦労話は、独自の視点、特別なエピソードがないとありきたりの内容になってしまう。

新聞内定

テーマ　選択　人生の選択

昭和三十七年の日活映画に『キューポラのある街』というのがある。舞台は埼玉県川口市。鋳物工場のキューポラ（煙突）が立ち並ぶ街だ。そこでの人々の生活を描いている。その中に在日朝鮮人一家が北朝鮮に帰国するシーンがある。新国家建設のため、彼らは希望に満ちて帰国していく。映画での描き方は明るく肯定的だ。

私の母は、「トラちゃんたちはどうしただろうね」と、ときどき思い出したように言う。トラちゃんとは、日本名を元山寅雄といい、母の同い年の幼なじみだ。彼の一家は在日朝鮮人だった。父親はくず鉄の仲買商であり、近所の中では、比較的裕福な家庭だった。

テレビを最初に買ったのもトラちゃんの家だ。母や近隣の子供は、彼の家でテレビを見せてもらったそうだ。東京・深川森下のドヤ街の一角で、母やトラちゃんたちは、騒々しくもおおらかな子供時代を過ごした。

昭和三十八年のある日、トラちゃん一家が引っ越すことになった。「国」に帰るのだという。彼らは南北に分裂してしまった朝鮮半島の北側に帰っていった。昭和三十四年に日本と北朝鮮の赤十字社が中心となって、在日朝鮮人を組織的に北朝鮮に帰還させる「帰国事業」が始められた。在日の人々は、差別と生活に苦しむ日本を脱出し、新天地に望みをかけた。帰国者は総計で十万人近くにのぼった。当時、社会主義国・北朝鮮をユートピアだと考える人々も少なからずいた。そのため、いまの韓国出身にもかかわらず、北朝鮮に帰国する人もいたそうだ。

しかし、帰国時の北か南かの選択は、彼らのその後の人生を大きく変えた。北朝鮮の帰国者は最初のうちこそ歓迎されたが、いまでは国全体が飢餓に面している。その後のトラちゃん一家の消息もわからない。

『キューポラのある街』を最近、またビデオで観た。祖国に帰った人々の現在の姿を想像すると思わず涙が出た。

テーマ　道

都会の人情

恵比寿には金持ちがいる。そう実感したのは私が大学2年の時だ。香川育ちの田舎者の私は、刺激を求めてよく都心で散策をする。ビルが立ち並ぶオフィス街も田んぼを見て育った私にはすごく新鮮で、品川・白金近辺を6時間歩き回ったこともざらにあった。「こんな所の高層ビルの最上階でワインを片手に夜景が見られたらなぁ」と妄想しながら歩くことが楽しくて仕方ないのだ。

ある夏の日のことである。この日は目黒と白金を歩いていた。気温は30度を超え、アスファルトからの反射熱がたまらなく熱かった。目黒から少し入った白金付近の小道を歩いていた。道のど真ん中に黒く光る高級皮の長財布が落ちていた。

すかさず駆け寄り、中をあける。なんと24万6千円の大金とゴールドカードが三枚入っていた。ちなみに免許もゴールドだった。今まで見たことのない大金を前に、一瞬ネコババしそうになったがすぐに恵比寿駅前交番に届けた。警官に指示されながら書類に必要事項を書いていると、一人の男性が自転車に乗って現れた。持ち主である。

恰好から見るに板前さんらしく、お礼にと1万円札を渡してきた。私は少しためらったが頂戴した。帰り際に住所と名前を聞かれた。そして「おじさん、この先で寿司屋やっているから、是非来てよ。何ならアルバイトでもいいよ」と言って、店の名刺をくれ、手を振って別れた。

その一件から数カ月経ったある日、全く知らない人から小包が届いた。住所は奄美で、見当がつかなかった。記憶を思い起こすと、あのゴールド免許に本籍、奄美と書かれていたことを思い出した。間違いない。あの寿司屋のおじさんである。中には奄美名産の黒砂糖がびっしり入っていた。私はすぐさま、お礼の手紙を書いた。あれから毎年、年賀状が届くようになった。道で拾った財布をきっかけにおじさんとの交流は今も続いている。

Advice　偶然知り合った板前さんとの微笑ましい交流を書いている。前半の町の様子を減らし、板前さんとのやりとりをもっと書くとより良くなる。

テーマ **継続**

勤続三十五年をめざすパン職人

「夢中で仕事に取り組んでいたら、二十五年経っていた」と話すのは、短期留学先の香港で出会った謝健明さん。白髪混じりの髪に、黒縁のメガネを身につけた生真面目そうな印象の彼は、今年で五十四歳だ。彼は昨年勤め先の「聖安娜餅店」から永年勤続表彰を受けた。同店は、一九七二年に開業し、香港内に百店舗以上を構える老舗パン屋チェーン店だ。

「香港では、数年ごとに転職することが一般的。だから、二十五年間同じ会社で働き続けるのは、本当にすごいこと」と娘のリサさんは言う。

謝さんは、四人兄弟の末っ子として香港で生まれ育った。今は亡き父は土木作業員、同居中の母、黄弟さんは内職をしながら子育てをした。生活は苦しかった。黄さんは当時を振り返り、「人生で一番大変だった。子ども達に満足な生活をさせられなかった」と語る。

学費の支払いが困難になり、謝さんは十六歳で高校を中退した。「勉強は得意な方ではなかったし、少しでも家計の負担を減らしたかった」。十八歳から、実家のある大埔駅近くのパン屋で働き始めた。

十年間でパン屋五店舗を転々と渡り歩いた後、二十八歳でついに現職に就いた。「より大きな企業で、自分を高めたいと思った」。

現在は、パン職人として働きながら、七店舗の責任者を務める。職人の朝は早く、出勤時間は毎朝四時半だ。一日十時間、週六日の労働は「決して長くない。香港では普通のこと」と、こともなげに語った。

現在の目標は、最高位の賞である勤続三十五年の表彰を受けることだ。二人の愛娘は二十一歳と十歳。「下の子が大学を卒業するまでは働き続けなくちゃ。娘たちには僕のようにお金で困って欲しくないからね」。

環境に文句を言わず、挑戦と努力を続けてきた謝さんの顔つきからは、仕事人として、そして父親としての矜持が大いに感じられた。

Advice ひたむきに仕事に取り組む謝さんと家族の姿が見えるようだ。苦労話は日本外国を問わず、共通するものがある。それをうまく書いている。

旅行内定

テーマ **カード**

2202枚の手作り英単語カード

私の部屋の勉強机の一番右上のひき出しには、二二〇二枚の手作りの英単語カードが入っている。

大学の受験勉強の際、私は効率よく英単語を勉強する方法を模索していた。書店を回って研究した結果、カードにする方が覚えやすいらしい。これは、ある大学受験英語対策本の著者が提唱しているやり方だ。

カードの作り方は、まず通常のトランプくらいの大きさの少し厚めの紙を二二〇二枚用意する。これが大変だ。一〇〇円で一〇枚入りだったので、非常にお金がかかる。そして、中沢一著の、「単語王２２０２」を二冊購入する。なぜ二冊かと言うと、本を切って紙に貼ってしまうと、裏ページが使えなくなるからだ。一冊一二〇〇円だ。あとは、のりとハサミと労力だ。私は作りながら覚えられると思い、作っていたのだが、一〇〇枚段階で、残りの多さを見て、妹と母にも手伝うよう頼んだ。たまに、父や弟も手伝ってくれた。

三週間後、のりを何本使ったかわからないのだが、総額約二万七〇〇〇円をかけた、二二〇二枚の日本一豪華な単語カードが出来た。

実際にカードを使うと、すらすら覚えた。毎日三〇枚ほどかばんに入れて、ひまな時間に一通り意味を考える。わかるものとわからないものに分けて、わからないものは、明日の分の三〇枚に繰り越す。

こうした努力が報われて、私は第一志望の大学に合格出来た。

二万七〇〇〇円は、よくよく考えると、実に破格の高さだ。しかし、弟も妹も使える、私の家に伝わる、秘伝の単語暗記ツールになるだろうとよい方に考えた。

大学入学から二か月、私は本屋に行った時、懐かしいと思い、参考書コーナーを見た。私はあ然とした。「単語王２００２　カード」という商品が、三〇〇〇円で売っていた。帯には、「皆様の要望に応えました」とある。

Advice　これはコミカルな明るいネタでしかも「オチ」がある。ある事実の裏にある主張、意見、感想を婉曲に表現するのもひとつのテクニックだ。

テーマ **リセット**

人体実験

放送内定

「オレらは人体実験されているんだよ」

志賀さんはそう言い、黙りこくる。海岸に目をやると、海岸の土に置き去りにされた、真っ黒なフレコンバッグの山が映った。「人体実験」という重々しい言葉が、耳に残る。

昨年12月29日、福島県相馬市・浪江町・双葉町・富岡町を訪れた。被災地をこの目で見てみたい、という漠然とした思いは数年前からあった。だが、当事者に寄り添えない状態で現場に行くことはためらわれた。

契機となったのは、テレビのドキュメンタリー番組だった。そこに登場した「頭の中の記憶の棚に一時保管したい」と、変わり果てた自分の家を懸命に写真に収める少女の姿が忘れられなかった。水戸市から車で相馬市へ。NPO法人「〇〇」の志賀さんがガイドとして同行してくれた。彼は浪江町で被災し、昨年9月まで避難生活をしていたという。「肉声」を聞きながらのツアーが始まった。原発から20㎞圏内にある場所を中心に回った。避難指示が解除された町は、がらんどうだった。五軒に一軒は解体中の家屋だ。田畑は原野化している。立ち入り禁止のフェンスが目立つ。「自然災害だけならね、自分を納得させて、新しくスタートできるんだよ。だけど、原発だけはね……」。志賀さんは言葉を詰まらせた。「帰れって言われても、線量も高いしね。人がいないと、生きれないよ」政府と住民との眼差しにはギャップがある。住民は帰ることに消極的だが、国は住民を「とりあえず故郷へ帰す」ことに躍起になっているという。浪江町の住宅街設置の線量計の値は0・42マイクロシーベルトだった。志賀さんはその機械の前で、自分の線量計を取り出し測定を始めた。4・25マイクロシーベルトと出る。「オレらは人体実験されているんだよ、騙し騙しね」。ゼロからの復興ではなく、マイナスからの復興だ。核のゴミは、除染は、住民の意思は……。福島では、「リセット」の段階で、課題が山積している。

Advice 被災地に足を運んだ行動力はアピールになる。だが、なぜ国は住民を「故郷」に帰そうとしているのかを、もっと深く考察してほしい。

テーマ　窓

窓越しの会話

東日本大震災から一年経ったころ、私は東京から宮城県石巻市にボランティアに行った。仕事は市内の各所に建設された仮設住宅を一軒、一軒訪れ、手作り情報誌や行政のチラシを配布する。しかし実際は、仮設住宅に住む人と話をすることが目的だった。

一人暮らしの高齢者の孤独死が問題視されており、被災者の方と直接ふれ合うことは非常に大事になってきている。私は人見知りするタイプで、最初は情報誌を手渡すのみだったが、徐々に世間話ができるようになった。

ある仮設住宅で一軒ずつチャイムを押していったときのことだ。

留守の家が多く、諦めて帰ろうとした。すると、家の窓を開けてボーっと外を見ていたおじいさんと目が合った。「あれ、あそこは留守だったのでは」と思ったが近づいて声を掛けてみた。どうやら、耳が遠く足も不自由で、一人では動けないらしい。

私は窓際に立って、小一時間ほど話をした。お孫さんのこと、日々の生活や将来の不安まで、さまざまな内容だった。それでもおじいさんは笑ったり、私の話に共感してくれたりした。

そうしているうちに日が暮れ、帰る時間になった。「もう帰りますね」と伝えた。すると、おじいさんの目からホロリと涙が落ちた。「また来るね」と言いたかったが、ここでの出会いはおそらく一期一会だ。

後ろ髪をひかれる思いで、住宅を後にした。振り向くと、おじいさんは最初見たときのような悲しい目で、駐車場をながめていた。彼の姿は、多くの被災者の方と出会ったなかでもとくに強烈に印象に残っている。

今回の活動では、玄関や庭で世間話をすることが多かった。窓を挟んで会話することも何度かあった。気のせいか、このような人たちは孤独や震災の痛みをよく口にしていた。窓からのぞく顔は、よそゆきの顔ではなくて、日常の素の表情なのかもしれない。

Advice　窓というテーマを上手に使い、東日本大震災がもたらした悲しみや社会問題をうまくまとめている。社会性がとてもある作文だ。

出版内定

テーマ いのち

ボタンエビ

ボタンエビの皮をむいていると考える。「おまえは養殖されて、人間に食べられるために生まれてきたんだよな」と独り言をブツブツ言う。ボタンエビが悲しい眼で頷いたような心持ちになる。

ＪＲ吉祥寺駅からすぐの場所に大きなチェーン店の寿司屋がある。二年前から、私はホールとして週三日ここで働いている。

二ヶ月前から仕込みも手伝っている。入店したてのころ、魚を下ろす板前さんを見て「私もやりたいです」と店長に頼みこんだ。当初は断られたが、朝早く行き、開店時間までにホールの仕事を完璧に終わらせて「時間が余ったので仕込みをやらせて下さい」と何度もしつこくお願いした。

二ヶ月経った頃、やっと念願の仕込みを教えてもらえた。じきにボタンエビの皮むきやサンマのさばきも任されるようになった。いろんな作業の中でも、このボタンエビの皮むきが、私は好きだ。ボタンエビは、大きい奴、小さいけど角が鋭く強そうな奴、目玉が片方ない奴など一匹一匹大きさも形も千差万別だ。触覚の長さや足の形、殻の柔らかさも異なり、私はなぜか「どうむこうか」と考えてしまうので皮むきに夢中になるのだ。

一人暮らしの私は、食費削減のため、できる限り朝晩料理している。しかし、スーパーで買う材料はパック詰めされた魚や肉だ。生きていたことをすっかり忘れていたようにパックになっている。ボタンエビの皮をむいたり、イワシの頭を切ったり、下ろした魚の胃から虫が出てきたりすると、生き物の実感が湧くのだ。そして彼らの命について考える。そして、いつも「食べ物を粗末にしてはいけません」という祖母の口ぐせが頭に浮かび、魚たちに感謝の想いが湧いてきた。私は魚やボタンエビに感謝しつつ、大好きな寿司を食べる。アルバイトの特権である「賄い食」を腹いっぱい食べる。客には出せない部分も多いが、それはそれでとてもおいしい。

Advice 出版、広告、テレビ（制作）志望者は、この作文のようにユーモア、独自の視点を盛り込むといい。採用側は発想の面白さを判断するからだ。

テーマ　フェイク

母親たちの嘘

公務員内定

大学三年生の時にしていた横浜の保育園のアルバイトは、朝七時開始だった。週三回、いつもより早起きするのが憂鬱な時もあったが、子どもの笑顔を見れば眠気は吹き飛んだ。

保育園にいつも一番に登園していたのは、一歳のはじめちゃんだった。食いしん坊でいつもニコニコしている、保育園の元気印だ。

昨年十二月十五日も、はじめちゃんは朝七時ちょうどに登園した。抱っこしたお母さんが言う。「今日も元気です。よろしくお願いします」。「はーい」と私は言って、お母さんから抱っこを変わった。いつもの光景だ。

しかし、しばらくすると保育士さんがある異変に気付いた。いつもは園内を走りまわっているはじめちゃんの元気がない。部屋の片隅に座り、顔は青白い。熱を測ると、三十八度一分だった。「大変。お母さんに迎えに来てもらわなきゃ」。保育士さんはそう言って、お母さんの会社に電話をかけた。

この日を境に保育園では風邪が大流行した。登園する子どもの数は半分程度になり、職員も毎日一人は欠勤している状態だった。

あまりの流行ぶりに、私は、長年勤務している保育士さんに理由を尋ねた。すると、意外な答えが返ってきた。

「お母さんたちは『子どもの具合が悪いので休みます』と会社に言ってもずる休みだと思われるみたい。だから、いったん具合の悪い子を保育園に預ける。そして保育園から会社に連絡が行くのを待つ。会社に電話が掛かれば誰もずる休みと思わないでしょ」

そして溜息をついた。「だから子どもが具合悪くても『元気です』と嘘ついちゃうのよね」。

親が子どもの体調を偽ってしまう背景には、子育て中の社員に不寛容な企業の実態があった。

現場で問題を目の当たりにしているのに何も出来ない。子どもたちの笑顔を前に、自らの無力さに途方に暮れた。

Advice　保育園の名前、はじめちゃんのお母さんの会社の場所や名前もあると、読み手にイメージが湧くので一層良くなる。

新聞内定

テーマ 挨拶

挨拶の意味

「こんにちは」。私の通うボクシングジムでは入口で挨拶する。今まで訪れた多くのジムでもそれは同じだった。殺気と緊張感に満ちた空間で選手は時に恐ろしい顔をしている。だが挨拶をすれば微笑み、返してくれる。

あるとき、横浜のあるジムに出稽古に行った。ジムの入り口で「こんにちは」と頭を下げたのだが、反応はなかった。ジム内には激しい敵意と緊張感があり、不快感が消えないままリングに上がった。

始まるのと同時にリング中央でグローブ同士を合わせる。ボクサーの挨拶だ。だが彼は私が挨拶に出した手をよけて殴りかかってきた。そこから喧嘩だった。もみあいになり相手の体にパンチを打ち込む。ボクシングとは言い難い酷い絡み合いで、技術的にも上達には何もつながらなかった。練習が終わって残ったのは罪悪感だけだった。敵地にいて居心地も悪く、一刻も早くそこを去りたかった。

しかし、私は普段のジムの慣例に倣い他の練習生、トレーナー一人ひとりに、「ありがとうございました、お疲れさまです」と笑顔で頭を下げて挨拶をして回った。彼らの反応は様々で、笑顔で返す人もいれば声だけで頭を下げる人もいた。ただ誰一人として挨拶をした私に敵意を向ける人はいなかった。

更衣室にはリングでひと悶着あった彼だけがいた。二人きりで気まずいまま黙って着替えを続けた。私は何度もためらったが意を決して、「あの、お疲れ様でした。今日はありがとうございました」と笑顔で頭を下げた。相手は意表をつかれたようで、すぐに頭を下げて「こちらこそありがとうございました」と返した。すると互いに緊張感が解け、笑顔で話すことが出来、離れ際に彼が言った。「今日はちょっとすみませんでした」。

多くの競技で試合前と後に挨拶を交わす。それは互いの人間性を確認し、尊重する最も合理的な行為だからではないかとその日強く感じた。挨拶の自分なりの意味を見つけた。

Advice 文にリズムがある。たったひとつのことを、うまいストーリー展開で書いていて「ドラマ」を感じる。思わず先を読みたくなる構成が抜群だ。

テーマ **初夢**

文化差

JA内定

「今年も若々しく、美人でいられますように！」。ホームステイ先のお母さんにこう声をかけた。「学業が向上しますように！」。笑いながら、かわりにこう返してくれた。

私は今年初めて留学先の中国で春節を過ごした。春節は旧暦の正月を指す。中国の春節では、縁起の良い言葉をかけ合う。

ホームステイ先の習さん一家は、娘がいる三人家族だった。今年、中国トップレベルの清華大学を目指す娘には、「成績が上がりますように」と声をかけ、お父さんには、「仕事がうまくいきますように」と声をかけた。

中国では、新年に見た夢の内容で一年の吉凶を占う「初夢」の風習はないようだ。夢占い自体の起源は中国のようだが、「初夢」の風習は日本独自らしい。北京に住む中国人の友人が教えてくれた。

「おみくじ」も中国では一般的ではない。「どうして中国にはないのだろうね」とその友人に聞いてみた。「もし悪い運勢が出たら、その一年ずっと気分が悪くなっちゃう。それを嫌がる中国人が多いからじゃないかな」。冗談混じりにこう言っていた。

確かにそうかもしれない。「福」と書かれた赤い紙を部屋中に貼り、縁起の良い言葉を掛け合う。春節の間は、悪い言葉を聞くことは少ない。縁起の悪いことは徹底的に避けられていた。

春節の間に、ハッピーエンドの映画が多く上映されているのも、このためだろう。この時期の映画市場は活気づいている。家族や友人と春節に楽しい映画を観に行くのも、習慣化しているようだ。

おみくじの「凶」は必ずしも悪くないと、私は父に教えられたことがある。おみくじに書かれていることが大切なのであり、単なる占いではない。「初夢」も、良いか悪いかよりも、夢の内容の方が大切かもしれない。

正月に、悪いことにも向き合う日本と、徹底的に排除する中国。文化差を直に感じた。

Advice 同じ正月の文化でも、日本と中国では過ごし方が違う。滞在していないとわからないことを、ラストにうまく持ってきている点が良い。

テーマ **涙**

天ぷら屋「丸」

「じゃあ帰りにいつも天買ってあげるから」

友達とけんかをして涙を流した時、テニスの試合で負けた時、母はいつも私を天ぷら屋「丸」に連れて行った。

天ぷら屋「丸」は、私の地元宇都宮市新川にあるテイクアウトの天ぷら屋だ。夫婦二人でお店をしている。季節の野菜や魚を店の入口で注文すると、その場で揚げてくれる。

私の家族の中では、土曜の昼ごはんは、母が茹でたうどんと「丸」の天ぷらが定番だ。私が一人でおつかいに行くと、余った天ぷらや揚げ玉をおまけでつけてくれる。丸のおばさんは、「気をつけて帰るんだよ」と毎回言ってくれる。

「丸」のご夫婦の優しさとサクサクの天ぷら。私は天ぷら屋「丸」が大好きだった。

高校3年生の冬、私は上京する数日前、「丸」に行った。お店の引き戸を開けると、おばさんが出て来た。いつもはおじさんが天ぷらを揚げるのに、おばさんが揚げている。おじさんは出かけているのかと思ったが、お店の時計の横におじさんの写真があるのを見つけた。おじさんは亡くなってしまったのだ。とても悲しかった。

今年の夏、帰省した際、私はいつものように「丸」に天ぷらを買いに行った。おばさんは、「久しぶり、元気だった?」と話しかけてくれ、嬉しかった。

天ぷらを揚げてくれる間、おばさんは私に「この店は九月いっぱいで閉めるの」と言った。私は驚き理由を尋ねた。

「区画整理の場所になっちゃって、これを機に閉めようと思って」

宇都宮市では、二〇二三年に路面電車LRTが通る予定だ。そのため大規模な区画整理が行われている。街全体が便利になっていく一方で、見慣れた街が変わっていく。

家に戻り、家族で「丸」の天ぷらを食べる。もうこの大好きな天ぷらを食べるのは最後だろう。寂しく切ない気持ちになった。

Advice 人情物の作文として評価できる。人や店が世の中の流れでなくなっていく物悲しさを、自分自身や家族の体験と重ねてうまく描写している。

テーマ 水　祖母の家

東北の祖母の家は、昔は、いつも忙しかった。

私は、小学校の頃、帰省先の祖母の家でいつも本を読んでいた。「ズッコケ三人組」という子供向けのシリーズだ。何かしら本を読んでいれば、仕事を手伝わなくてすんだからだ。

祖母は酒屋を営んでいる。

私の家族や東京に出てきている親戚は、例年、冬休みに帰省していた。しかし一方、その時期は、忘年会で一年でもっとも忙しくなる。だから、父母や親類のおじさん、おばさんたち大人達は大みそかまで、みんな配達か店番をひっきりなしに続けている。

私は、居間のコタツで本を読みながら、大人が忙しそうに、トットットッと小走りで廊下をかける音を聞くのがとても好きだった。

ところが、数年たって、中学生になると、私も配達の手伝いをするようになった。年々、帰省する親戚が減ってきたのと、もう中学生になったからという理由だ。お酒はなかなか重かった。瓶ビールだと1ケースに12本入っている。10キロの重みが、手に働いた証を刻んでいく。

初めは、ヒィヒィ言いながらやっていた。

しかし、何軒か回っているうちにフッと気付いたことがあった。祖母は、毎日これをやっているんだ、ということだ。当時70歳の祖母は、私達の前できつい、辛いという言葉をこぼしたことはなかった。

男子中学生に辛くて祖母に辛くない筈はない。それから、私は黙って仕事をするようになった。キツければキツい程黙り込む。傍目から見たらバレバレかもしれないが、私は弱音を口に出すのだけはやめた。

その祖母も今は体力がなくなり、配達はしていない。父もその兄弟も店はつがない。

いまは多くの人が「びんビール」でなく、缶ビールを大型スーパーで買っていく。

時代の流れは「水」の流れでもあるのだろう。しかし私の中のビール配達の記憶はそのままだ。大事にしたい。

Advice　全体にリズム感がある作文だ。「トットットッと小走り」などは情景が浮かぶようだ。20〜30 本書けばこのような優秀作文が書けるようになる。

テーマ 生きる　生活保護

　大学二年生の頃、私は近所の歯医者さんで受け付けのアルバイトをしていた。患者さんが来ると笑顔で「こんにちは」とあいさつして、診察カードを受け取る。すると向こうもニコッとあいさつを返して、ソファに座る。これがいつもの流れだった。

　しかし、ある日ふと受付前を見ると見知らぬ男性が、ソファに座って他の患者と話している。いつの間に来たのだと思い声をかけてみる。

「失礼ですが、診察カードは？」

「どっかいったわ。ちゃんと作っといてくれよ」とぶっきらぼうに答える。

「保険証お持ちじゃないですか？」

「俺は払わんでもええんや。生活保護受けとるからな」と答えると、また他の患者さんと話し出した。

　その次の日、またその男性は、病院にやって来た。口内洗浄のためだった。

　そして、その次の日も、同じ名目で男性はやって来た。男性は、ただ他の患者とおしゃべりをする為だけに来ていたのだ。

　こちら側が、毎日来る必要がないことを伝えても、支払わずにすむことをよいことに構わず病院へやって来た。

　病院側も困り出していた頃、偶然その男性を近所で見かけた。かなり酔っ払っており、ちどり歩きだ。近くの看板をけっては、大声で叫んでいる。「おまえらのせいや」「お前らは負け組やわ」と繰り返して言う。この男性は、毎日何の為に生きているのだろうか。酒を飲むお金はある。帰る家も持っている。しかし、男性は毎日何かをする訳でもなく、ただ日々を過ごしている。そこには、生きる喜びや生きる目標はないようだ。生活保護制度は本当に困っている人にあるものではないのだろうか？　なかには「目的」、「働くことの大切さ」をなくしてしまっている人もいる。私は生活保護は厳格に適用して、なんらかの形で働く環境を与えるなど改善してほしい。

Advice　前半から中盤にかけての状況描写が具体的でうまい。ゆえに、最後の「書き手の主張」が生きている。

就職ジャンルの書き方のポイント

Point 自分研究・企業研究が大前提だ。

このジャンルのテーマも、業界を問わずよく出題される。作文・小論文では出されなくても、面接などで必ず聞かれると考えておいたほうがいい。

具体的には、「なぜ○○業界を選んだのか」「職業観について」「私の就職活動」などだ。このテーマで企業が知ろうとしているのは、**学生が企業についてどれだけ研究しているか**、ということ。それによって、学生の熱意・ヤル気を測ろうとしているのだ。

だからこの作文を書くには、自分研究と企業研究が大前提になる。作文の答えは、この自分研究と企業研究の過程にある、といってもいいだろう。

Point 企業研究はどのように進めるか。

では、企業研究はどのように進めればいいのだろうか。

それは次のように、自分研究と交差させて進めるのがいい。

1. **まず、自分研究を進める**（自分の特徴をつかむ。その特徴を裏付ける具体的な体験を選び出す）。
2. **同時に、志望する業界・企業をピックアッ**

プする。ホームページなどで、企業の仕事内容、特徴をチェックする。

3．自分の特徴（セールスポイント）**と、志望する企業の特徴**（企業が求めている人材）**が一致するかを検討する**（自分が気持ちよく働ける企業かどうか）。

4．OB訪問や店舗見学など、資料以外のところで企業研究を進める。自分に合っているかを再度チェックする。

といった具合だ。自分を起点にして企業を選んでいけば、その企業に興味をもてる。おのずと企業研究を深めることができるのだ。

一方、企業選びで失敗しがちなのが、イメージ先行型の人。自分はどういう人間であるのかを無視し、とりあえずイメージで志望企業を決めてしまう。そしてその企業に入るために、自分をつくってしまうのだ。このため、就職に関する作文の内容も説得力の欠けたものになってしまう。

Point 企業が学生の研究度合いを知りたいワケは？

ところでどうして企業側は、学生の企業研究の度合いを知りたがるのだろうか。

それは「入社してすぐに辞められてしまうことを防ぐ」という一面がある。学生は仕事に対して「夢」や「希望」ばかりを抱きがちだ。だが実際の仕事の現場はそれほど甘くない。それをある程度理解していないと、理想と現実のギャップにたえきれず、すぐに辞めてしまうことになりかねない。それは学生にとっても企業にとっても不幸である。だからこのジャンルの作文は、「お互いのため」という部分も大きいのだ。

テーマ
私の就職活動（１）

老人介護の問題を考える

私の就職活動は、老人介護の問題を深く考える機会になった。そして、この分野での新しい進展に貢献したいと思うようになった。なぜなら、私の祖父の介護で祖母や母が苦労するのを目の当たりにしてきたからである。老人が倒れたり弱ったりした場合、まずは身近な家族が、その介護をするのが普通だろう。しかし、一方では介護が長期にわたって家族の肩にかかる場合、その負担は非常に重い。家族の生活をおびやかすのもまた現実だ。

七年前、私の祖父は寝たきりになった。二人姉妹の長女である母は、東京から祖父母の暮らす山形へ度々帰郷することになった。フランスのパリにいた叔母も、看病のために年に数回帰郷した。私も大学が休みに入ると、介護の手伝いに行く日々が続いた。家族全員の綱渡り的な生活が、祖父の亡くなるまでの五年間続いた。

祖母は愚痴ひとつこぼさず、私たちに感謝さえしてくれた。だが長年にわたる祖父の食事、おむつの取り替え、入浴などは、祖

Hint
発想のヒント

◇「就職活動」というテーマに惑わされないようにしたい。このテーマを書かせる企業は、結局「志望動機」を聞きたがっているからだ。だから「就職活動」も、「御社に入るための就職活動とは……」と解釈すればいい。自分は志望する企業に入るためにどのような研究をしてきたのか、入りたいと思うようになったきっかけは何だったのか、などを考えてみよう。

◇このテーマでは、たとえば次のような考え方もできる。

1．自分はどうしてこの会社に入りたいのか？

2．自分が企画した旅行を、お客さんに喜んでもらうのが自分の夢だからだ。

母に無理な姿勢を強いた。腰痛を起こし通院を余儀なくされ、いまでも相当痛むらしい。

現在、在宅介護がクローズアップされつつある。だが、少子化、女性の社会進出などの背景を考えると、在宅介護にはいくつかの問題が残る。それをクリアしなければ、限界があると私は考える。

いくつかの問題とは、バリアフリー住宅の建設や、入浴や移動の際の器具の導入にはかなりの費用がかかること。介護に携わる家族と専門家とのきめ細かいシフト体制がとりにくいこと。保健所や医療機関との緊密なタイアップがなされていないことなどだ。

介護する側もされる側も、それが無理なく長続きできてこそ、よい関係が構築される。そして初めて双方のリビングウエル（＝よく生きる生活）が可能になる。私の就職活動は、このリビングウエルの模索、研究でもある。


応用できるテーマ例！

ここで扱った内容は、社会福祉関係、教育関係の仕事を選択している場合に応用できる。福祉や教育を内容に盛り込むと、単に「志望動機」だけでなく、書き手の「人間観」や「社会観」も表現できる。そこに、自分の考えをうまく入れられれば、「この人は一度会ってみたい」と採点官を思わせることができる。

3．このように考えるようになったのは、〇〇〇という具体的な体験から。
4．結局私の就職活動は、自分の夢を実現させるための活動だ。
といった具合だ。

注意ポイント

◇就職活動は、何十社と、複数の会社を受けるのが普通。中には第一志望と言い切れない会社もあるだろう。内定をひとつももらえずあせっている、などという状況もある。学生の側からしてみれば、自分の就職活動の実態は企業に知られたくない部分が多くあるはずだ。それをわざわざ自分から言い出すことはない。だが「私の就職活動」というテーマをストレートに受け取ると、この失敗をしやすい。

テーマ

私の就職活動（2）

自然豊かな日本へ、アジアから観光客をよびたい

旅行業界を希望する私の就職活動は、イコール旅行業界の研究となった。同時に、そこで自分をどう生かせるかの自分研究の時間ともなった。研究の結論としては、私は、日本に海外のお客様を招く仕事をしたいと考えている。具体的には、地理的に日本に近いアジア各国からの観光客をよぶ仕事だ。

というのは、研究を進めていくうちに、国内旅行パックのほとんどが、国内の客だけをターゲットにしていることに気づいたからだ。ほんの数時間の飛行で行き来できるアジアを、ターゲットに加えないのはもったいないと思うのである。

現実に、東京ディズニーランドや長崎のハウステンボスには、韓国や台湾、最近では中国からも多数の観光客が訪れている。

これには、アジア諸国が経済力をつけ、国民の所得水準が急速に上がり、高学歴化が進んだことによって中産階級が増えているという背景があるのだろう。

発想のヒント

◇「就職活動」というテーマは、結局「志望動機」を問われているものだ、とは先にも書いた。このように、企業は手を替え品を替え（つまりはテーマを替えて）、学生の「志望動機」を探ろうとする。

◇実は、企業は「志望動機」を聞くことによって、学生の企業に対するロイヤリティ（忠誠心）を知ろうとしているのである。具体的にいえば、この学生は、「どの程度本気でうちの会社で仕事をする気があるのか」「どれくらい意欲があるのか」「うちの会社で何をしていきたいのか」といったことだ。

◇企業が新入社員を採用するには、採用経費、研修経費など、もろもろの経費が

さらに今世紀には、膨大な人口を抱える中国やインドから、数千万人単位で中産階級が誕生するといわれている。そこで、彼らの一〜五パーセントを日本旅行の愛好者に仕立てることは、決して夢物語ではないと思う。

私は、周囲を海に囲まれ、山と森と水が豊富な日本を誇りに思っている。日本の美しい自然を、アジアの人にもっと知ってもらいたい。東京ディズニーランドなどのテーマパークにも足を運んでもらいたい。東京や大阪のような、ごちゃごちゃした都市も、日本の一部として見てほしい。

私は、大学で国際関係学科を専攻し、ゼミでは中国・台湾の文化を中心に学んだ。大学二年のときに約十カ月間、中国の上海に留学をし、ゼミで学んだことを肌で実感することができた。中国語を話すことができ、文化を学んだ私だからこそできる企画があると信じている。

ひとこと！アドバイス

旅行関係は就職希望者の多い業種である。つまりライバルが多い。そのことを意識して、読み手にインパクトを与える文章を書くことを心掛けよう。

新しい企画提案をする場合には、それがすでに実際に行われていないかどうかをチェックしよう。面接で「知らなかったのか」と問われかねない。

かかる。つまり、将来利潤を生んでくれることを見込んで、企業は学生に「先行投資」するわけだ。ところが、志望動機が曖昧なまま入社する人間は、何か気に入らないことがあるとすぐに辞めてしまう。これでは企業側はまるまる損だ。つまり、学生と同様企業も、採用に関しては真剣勝負なのである。

◇このことを前提にすると、甘い志望動機では通じないことがわかってくる。自分研究と企業研究を重ねて、納得できる志望動機を練り上げよう。

テーマ

こんな仕事がしてみたい（１）

プロデューサーをめざす

いまひとつ面白くないな、と感じる映画にときどき出合う。そういう映画は一体何がいけないのだろうか。

映画製作のうえで不可避な問題は、無形のものを形にすると必ず質的劣化を伴う、という点にあると考える。それは私自身、発想を文章や小説にしたり、ミニコミ誌を製作するなどして身に沁みていることだ。あるときに思いついたアイディアは、ひらめいたその瞬間がもっとも輝いているときであり、もっとも純粋なのだ。ところがいざそれを文字にしたり、誌面構成をする段になると、途端に発想時の輝きが失われる。ひとりの人間の発想から文章作成のような短いプロセスですらこのありさまだ。映画製作には、細かい役割分担、経理的な問題など、複雑なプロセスが伴う。かなり細かいところにまで神経を行き届かせるのだから、普通、並の劣化ではすまない。「いまひとつ面白くない作品」は、ここでつまずいている。

プロデューサーは、豊かな創造力や鋭い発想力を芸術家並みに備

発想のヒント

◇このテーマで企業は、書き手の学生がどこまで企業・業界のことを理解しているかを見る。よって、夢のようなことを書いても、現状を把握していないとして失格になる。だからこのテーマでは、志望企業・業界・職種についての綿密な研究が大前提になる。

◇ではなぜ企業は、学生の企業や業界に関する知識の有無を気にするのだろうか。それは、仕事に対して理想ばかりを追う学生が多いからだ。仕事に理想や夢をもつことはたしかにいい。だが現状を把握したうえでの理想や夢でないと、企業は困る。理想や夢だけでは仕事は進められないからだ。

えつつも、それを形にするときの質的劣化を極力少なく抑える能力が必要とされるのだと思う。だからプロデューサーは芸術家とは違う。芸術家以上の能力を必要とするのだ。

　それはある種偏執的なまでの理想へのこだわり、完璧主義ともいえる。かといって内に閉じこもることのない広範囲なコミュニケーション能力と大企業の経営者的なセンス。加えて当然のように兼ね備えていなければいけない芸術家的発想能力……。プロデューサーは一級の能力をオールマイティにもち合わせ、なおかつ研磨の努力も惜しまない鉄人であるべきなのだろう。芸術家はさしずめ百メートル走世界チャンピオンだ。その世界チャンピオンと同じレースのスピードで、フルマラソンを走破するくらいの実力が、プロデューサーには要る。私が目指すのは、このようなプロデューサーになることだ。

ひとこと！アドバイス

「こんな仕事をしてみたい」というテーマが出されると、「御社の海外の支店で○○がしたい」「○○の仕事で海外を飛びまわりたい」と書く学生が多い。しかし海外への憧れを露骨に出すのは要注意。企業によっては嫌われる場合があるからだ。

　自己PRの材料としても使わないほうがいいだろう。結局は、単なる海外好きと思われかねないからだ。

◇実例文では、映画のプロデューサーという仕事の本質を探るために、書き手が研究を重ねてきたことがよく表現されている。作文で研究の結果を表明していくことは、間接的にその仕事に対する自分の熱意を表現することになる。

◇結局、この作文を書くには業界研究が大前提になるのだ。

注意ポイント

◇海外に憧れる学生は多い。旅行関係や商社、海外に拠点をもつ金融や大手メーカーなどを希望する学生の中には、志望動機に「海外へのチャンス」を挙げる人も多いだろう。

　だが採用試験のときには、海外への憧れは表に出さないほうがいい。女子はとくに要注意だ。というのも、女子社員が会社を辞める理由で多いのが「海外へ行くため」だからである。「お金が貯まったら辞めるだろう」と推測できる人を、企業はわざわざ採用しない。

テーマ　こんな仕事がしてみたい（２）

専門を生かして、企業に貢献したい

私は、大学二年の夏から、国家資格である公認会計士の勉強をしている。

この資格を目指すようになったのは、十歳上の従兄弟からのアドバイスがあったからだ。

「これからの企業は、終身雇用や年功序列を重視しないよ。だから就職するなら、自分なりの資格をもっていたほうがいい。それを組織で生かしながら働くという考え方が大事になってくると思う」

と従兄弟は言ったのだ。

会計士の勉強をしていくうちに、企業のこと（とくに会計部分）を少しずつ理解できるようになった。

企業における会計の分野には、企業の活動結果を財務諸表や決算書としてまとめたり、事業計画と資金繰りのチェック、予算と実績のチェックなどがある。上場企業の場合は株価の管理、未上場の企業ならば上場に向けての資料作成の準備なども加わる。計画・実行・レビューというサイクル全体の動きを、会計という共通情報がとらえている。

このような会計という分野に、私は魅力を感じている。その魅力ある現場に入り込み、自分の資格を生かすことができたらと思う。

私は単に公認会計士の試験に合格すればいいと考えているわけではない。実際の企業のなかでその知識を十分に生かし、企業が期待する役割をきちんと果たしてこそ、その資格は生きると考えている。逆にいえば、公認会計士という資格は、企業の内部に入り込んでこそより生かすことができると思うのだ。利益も不利益も直接自分の身に降りかかってくる「当事者」だからこそ、真剣になれる部分はあるはずである。

現在の社会は、技術革新、情報化、国際化が急激に進む環境のなかにある。企業もその影響を大きく受けながら活動を展開していくことになる。そういう変化の激しい時代の企業にあって、会計という専門の分野の立場から、思い切った貢献をしてみたい。

Advice　自分の専門的スキルを取り上げる場合、企業活動のどの分野でどう生きるのかを書き込むことがポイント。単に「もっている」だけでは弱い。

テーマ　こんな仕事がしてみたい（3）

親と子のコミュニケーションのきっかけを

　扉が開き、電車の中にどっと人が流れ込む。ひとりの小さな子どもが、お年寄りのわきをすり抜けてすばやく席を確保した。おじいさんを目の前に平然と座っている。その場にいた私は、どうして半額で乗っている子どもがそんなに堂々と座っていられるのか、なぜお年寄りに席を譲らないのかと腹が立った。しばらくすると、その子どもは母親と離れているのが不安になったのか席を立った。空いた席にはおじいさんが座った。驚いたのはそのあとだ。「どうして立っちゃうの。立つのならお母さんが座ったのに」。母親が子どもを叱っているのである。

　親が自分の子どもを最優先に考えるような場面は、ほかでもよく見かける。子どもたちは、そんな親たちの「愛情」を受けて育つ。親たちは「愛情」を存分に与え、いい人間になることを願う。

　だが最近多発している、少年たちが起こすいじめや殺人事件、あれは一体何だろう。彼らは、大人たちに対して何か挑戦しているようにも思える。恨みをはらしているようにも見える。大人は子どもへの愛情の注ぎ方を、間違ってしまってはいないだろうか。電車の中でまず子どもに座らせること、物を買い与えること、お金をあげること、これらもたしかに愛情の一部だろう。だが、自分の子ども時代を思い出しても、この類いの「ありがたみ」は瞬間に消えることが多かった。それよりも、いっしょに遊んでもらったり、本を読んで聞かせてもらった記憶のほうがはるかに強く残っている。子どもたちが本当に求めているのは、親とのコミュニケーションなのではないかと思う。

　私は一生をかけて、そんな親と子のコミュニケーションのきっかけとなる絵本をつくりたい。親と子どもがともに感動を味わえるものをつくっていきたい。それはささやかながら、日本の社会をよくすることにもつながると思うのだ。

Advice　このテーマは志望動機と同じ。志望動機は「働きたい」と思うようになった「きっかけ」だけで終わらせないように。

テーマ

企業が求める人間像とは？

役所内定

常識ある人

　私の母は都内のある区役所に勤めている。先日、「職場に凄い人がいるのよ」と言って面白い話を聞かせてくれた。その凄い人とは大学卒の二十五歳の男の人で、最近、母の部署に回されてきたという。その人はまず、ろくに挨拶もしない。新しいことを教えようとすると「知ってます」と言って聞こうとしない。そのくせ、書類にミスがあって注意すればなんとか言い訳をし、すぐふてくされる。さらに自分の仕事が終わると、ほかの人の仕事がどんなにたまっていようと気にせず先に帰ってしまう。母によると、今日は自分は忙しくなかったが、明日は忙しくなるということもあるという。ほかの人が忙しかったらそれを手伝うのは当然であり、その代わり自分が忙しくなった時には誰かが手伝ってくれる習慣になっているそうだ。

　そういう点でその人には全く協調性がなく、職場の人も困っているという。さらに、その人は英語をよく使いたがるらしい。職場の中で言っているぶんにはまだいいのだが、お年寄りからかかってき

発想のヒント

◇企業が求める人間像はおそらくは会社によって微妙に違う。まだ就職もしていないのだからあまりいい加減なことを書けない。考えられるとしたらアルバイトの体験を書くことだろう。アルバイトから見た社員の仕事ぶりの中で、企業が求める人間像に迫ることができるかもしれない。

◇先日も居酒屋のアルバイトにのめりこんでいる学生の作文があった。アルバイトと言っても売り上げが一定の金額を超えると時給プラスアルファがつくという。この場合はアルバイトといえども社員並みの自覚を要求している。「一生懸命働いて、売り上げが伸びれば報酬もあが

た電話に対し「そういうケースはレアですからわかりません」などと、お年寄りには恐らく理解しかねる言葉を使って話をしているという。この人には、相手を見て、相手の身になってものを言うということができないのだろう。

　これは、極端な例かもしれない。しかし、まわりの人に協力し、相手の身になって考えるということは仕事をするうえで、いや、それは社会生活をするうえでも欠かせないものだろう。創造力や粘り強さ、あるいは個性の豊かさ、国際化時代に対応できる語学力なども企業に必要とされるだろう。しかし私は、どの企業も求めているのは、当たり前のことが当たり前にできる、常識をもった人間なのではないかと思う。創造力や忍耐力、語学能力といったものは、人間としての常識がまずあってこそ、発揮されるものだ。企業が求める人間像とは、社会生活で求められる人間像と変わりはない。

る」。そういう厳しさがわかってよかったという。この実例文もそういう意味では常識的なことを書いているが母親の話ということで説得力がある。具体的な例でわかりやすくてよい。

注意ポイント

◇自己流で書くこと。同じ会社でも人によって求める人間像は違う。社長と専務でも違うし、常務は部長とは違う。ヒラと係長でも違う。そこの「矛盾」を把握したうえで自分なりの説得力のある書き方をする必要がある。

　作文の中の引用例が面白かったら最後の結論は平凡でもいい。結論より具体例に力を入れることが大切だ。

使える！応用テーマ例

「期待される人間像」というテーマも関連で多い。「使命」「役割」「任務」はかなり意味が違ってくるが、組織の人間としての価値観を、どう共有しているのかを試すために出題される場合がある。どういう意図の出題なのか。その会社をどうしても受験したいときは、社風を研究しておくのが無難だ。

テーマ　社会人としていかに仕事に取り組むか

メーカー内定

私にとっての書道

「よし、これなら十分、賞をねらえるぞ。まぁがんばって書いてみろ」

先生が満足そうに筆を置いた。秋の芸術祭書道部門の手本を書いていただいた時のことだ。私は「またか……」と内心思いながら頷いた。

習字を習い始めてかなりの年月になる。最初はただ書いて楽しいと思うものだった。それが、賞を目指すといったように様々な思いの混じるものに変わった。高校に入学し、佐藤平泉先生の門戸をたたいてからのことである。中学生までは近所のお習字教室で習っていた。稽古は休んだことがない。地道にがんばっていたらいつの間にか級が進み、上達していた。一緒に始めた友人達はいつの間にか皆やめていく。最初に三十人もいた同級生は、中三になると私を含めてふたりになっていた。

そこの教室は中学までしか教えておらず、平泉先生を紹介していただいた。地道な努力を形に残すことを続けたかったのだ。

入門して、まず今まで書いたものを見ていただいた。「ふーん」感情のこもらない声で先生は言い、襖の大きさの紙を広げ四行五十字程の字を書いた。それが私の初めて渡された手本だった。作品締め切り一週間前は地獄だった。それまでいいぞと誉めていた先生が豹変する。「一体どうしてこんな線になるんだ。手本を見ろ」。どうしてこんなに言われるのだろう。ほとんど眠らず練習しても、先生の声は苛立つ一方である。泣きながら書くこともままあった。そうして締切日を迎えた。情けない気持ちで出品したが、結果は最優秀賞。先生が初めて笑顔を見せた。「おめでとう」。やめようと思っていたのに、不思議と書道が好きになっていた。苦しいが、習字のように字を習うだけでなく、自分で作品をつくることが書道なのだと気づいたからだ。

これから社会人になる私。「職業人」というのはこういうことをいうのだろう。最近なんとなくわかってきた。

Advice　「職業とはなんぞや」と大言壮語する人が多いだろう。しかし、実例文のように上手な作文は、エピソードを交え、わかりやすく表現する。

メーカー内定

テーマ　仕事とアルバイトの違い

プロの技術

先日、学校に行っていた時のことだ。胃が痛い。我慢できない。次の授業は出欠をとるのだが、痛くて仕方がない。学食の隣の保健センターへと急ぐ。

私の番がやって来た。

「先生、胃が痛いんですって」

看護師のおばさんが呼びかけると、奥のほうからぶっきらぼうな声が聞こえてきた。「ま、そこに座らせといて」。痛みで気が弱くなっている私は、猫のように丸くなって小さな椅子に腰掛けた。

若い男の先生が荒々しく私の前に座る。先日までは、年配の先生だったのが、いつの間にか違う先生に替わっていた。表情がどこか冷たい。私のカルテを見る目は、もっと冷たい。怖くなって、うつむいていた。すると突然、先生に質問された。

「胃が痛いとき、何を食べるの」

「食欲がないので、りんごやバナナ、牛乳を摂っています」

先生が立ち上がって、私のまわりを歩きはじめた。

「君は親からどんな教育を受けてきたのかね。そんな食べ物しか思いつかないとはあきれてしまうよ。君みたいな人が母親になると思うとぞっとするね」

りんごやバナナや牛乳で、なぜこんなになじられるのか。胃が痛いうえに、頭が混乱してきた。先生は私を卑下するか、そのうち胃に穴が開くぞと脅すばかり。相談にのってくれそうにない。

あとで聞いたことだが、この若い先生はアルバイトだったそうだ。やさしい年配の先生は学会で休みだったようだ。

本職とアルバイト、同じ医師でもここまで違うのか。医療についてのノウハウだけではなく、患者に与える安心もプロの仕事としての大切な「技術」なのではないだろうか。そんなことを考えた一日だった。

Advice　具体的なエピソードから結論を出している。とてもわかりやすい。実例文のテーマの場合、抽象的なことを書きがちなので注意しよう。

テーマ

私の職業観

こだわりのもてる仕事

子どものころは、父と母の仕事が大嫌いだった。単純に、休みの日にどこへも連れていってもらえなかったからだ。

山梨県甲府市にある私の実家では、父と母がラーメン屋を営んでいる。定休日は週に一度の水曜日だけ。といっても、両親にとっては完全な休みの日ではなかった。

父は、麺のおいしさは茹でたあとの水切り、空気の混ぜ具合で決まる、と言う。柄付きザルで麺を釜からすくい上げ、ザルの上で跳ねるようにして麺を叩きつける。ピシッピシッと響くような音がする。この音を立てるにはコツが必要で、一日休んでしまうと次の日の音は鈍くなるのだそうだ。だから一日も休むわけにはいかないと言って、父は定休日にも何玉かの麺を茹でる。

定休日はまた、スープの味を改良する日でもある。いつでも同じ味のスープを提供していたのでは、常連のお客さんは飽きてしまう。いまのおいしさを保ちつつ、なお少しずつおいしくしていくのだ。

発想のヒント

◇このテーマで問われているのは、「社会人になるにあたっての心構え」だ。つまり、仕事に対するやる気、意欲である。

◇とくに女性に対してこのテーマが出た場合には、ずばり「あなたの勤続年数は何年か」と聞いていると考えていい。

◇職業観が曖昧な人は、何か問題があるとすぐに辞めてしまったり、仕事よりプライベートを優先しがちだ。女性の場合には、仕事が嫌になったら辞めてしまえばいい、あるいは結婚相手が見つかるまでの腰掛け仕事と考える人もいる。

だが、自分は仕事を通してこうありたい、自分は仕事をこう考えているという職業観がはっきりしている人は、仕事にこれが並の苦労ではないらしい。定休日と十二時の閉店以降の時間を費やして、ようやく納得できる味ができるらしいのだ。

どうしてそんなに仕事ばかりするのか。どうしてもっと子どものことを大事に思ってくれないのか。子どものころはそんなふうに思っていた。だが、いまはこだわり続けることのできる仕事をもつ父と母を羨ましく思う。仕事とはきっとこういうものなのだろう。

ラーメンのスープの味を改良するような、究極的なことばかりでない。母は、どんなに閉店時間を過ぎていても、お客さんが来る限り暖簾をしまおうとはしない。ラーメンをよりおいしく味わってもらうために、接客、器、店内の雰囲気にこだわりをもっているのだ。

両親の姿を見ているうちに、私はどんな仕事についても「こだわり」をもち続けたいと思うようになった。こだわりとは、結果をよくするための努力と工夫ともいえる。

ひとこと！アドバイス

「職業観」については、とくに女性に問われる場合が多い。作文では出なくても、面接で必ず聞かれると思っていていいだろう。このため、「結婚」「出産」と仕事の折り合いを、どうつけていくかという人生設計を立てておく必要がある。現実的な答えを出すために、企業の体質（産休、育児休暇制度の有無と受け入れ体制など）を事前に調べておこう。

一生懸命になれる。企業が求めているのは、もちろん後者だ。

◇具体的には、次のような順序で考えていくと書く手掛かりが見つかる。

1．自分にとって仕事とは何か？
2．そう考えるようになった具体的な体験は何かあるか？
3．今後、自分は仕事をどう考えていくのか。その考えを企業でどう生かしていくのか。

注意ポイント

◇数年前までは、「腰掛け女性社員」をあえて採用する会社も多かった。だがいまは違う。企業は、仕事の「技術」を身につけたら少しでも長く働いてもらいたいと思っている。いまが終身雇用の時代でないことはたしか。だが、採用試験の際には、「仕事を覚えて会社に利潤を生み出すまで、徹底してがんばるぞ」という意気込みをもって望みたい。

テーマ 仕事とやりがい

ふたつの「やりがい」

最初は、彼女の復帰を心から喜ぶことができなかった。ジュリエット役の宏子が退院し、稽古に戻ってきたのだ。

昨年の学園祭のことだった。私が所属する演劇サークルでは、『ロミオとジュリエット』を公演することになった。『ロミオとジュリエット』はあまりに有名だ。だが映画のリメイク版の公開もあることから、人気がとれるだろうと読んだのである。

ジュリエット役のキャスティングの際、最後まで残ったのが私と宏子だった。結局多数決で宏子が主役となった。だが彼女は稽古中に突然腹痛を起こし、入院することになった。主役を演じるチャンスが私にめぐってきたのだ。稽古には熱が入った。一度はあきらめかけた表舞台に立てるのだ。

ところが本番の二週間前になって、宏子が復帰したのである。ブランクはあっても、ロミオ役との息があっているのは宏子のほうだった。結局私は、本番では音響を担当することになった。

最初は落胆したが、想像していた以上に、私は音響に燃えた。音響担当チーフの山崎の徹底したこだわりのエネルギーが、私に移ったのだ。山崎は「音響は、普通の生活では聞こえない、騒音に紛れて消えてしまうような小さな音を聞きとる努力が必要なんだ」と言う。本番ではそれが、ジュリエットがハンカチを落とす音に生かされていた。観客は本来なら消えてしまっている音を聞くことで、そこから何かを感じることができるのだ。表舞台と裏方が一丸となってこそ、最高の演劇ができるのだということを実感した。

このサークル活動を通じて、私は自分のステップアップをめざすだけが「やりがい」を感じるときではないなと感じた。チームのために、チームの成果をあげられるように協力することにも、十分な「やりがい」はある。私は仕事のうえでも、このふたつの「やりがい」を求めていきたいと思う。

Advice 企業のなかで大事なのはチームワークだ。そのチームのために働きたいと主張することは、自分の協調性をアピールすることになる。

テーマ 女性と職業

家事と仕事の両立をめざして

両親は共働きであるのに「鍵っ子」ではないという、ある種変わった環境に私は育った。父は流通関係の会社に勤めるサラリーマン。母は、伯父が経営するクリーニング店の支店長を任されている。

私が高校を卒業するまでは、クリーニング店の二階が、私たち家族の住まいになっていた。だから、母は午前九時から夜の七時までを拘束される「サラリーマン」であったが、私と二歳上の姉は「鍵っ子」にならずにすんだのである。家庭のすぐそばに仕事場があるという環境は、母にとってはラッキーだったと思う。仕事と家事を両立させるには都合がよかったからだ。

母は働き続けて、今年で三十年になる。近ごろは肉体的にきついことも多いらしい。だが反面、母は母なりの生きがいを仕事で得ているはずだ。店で起こるハプニングや、お客さんとのやりとりを、毎日楽しそうに話す母を見ているとそう思うのだ。

そんな母親の姿を見ながら育った私は、私も将来は仕事と育児・家事を両立させていくのが当然と考えている。仕事のない人生など考えられないと思う。

いまや、女性が結婚しても働き続けることは珍しいことではなくなった。しかし、働きながら、出産・育児、家事を続けている女性はまだ少数派である。しかも、女性は結婚すると、家庭のなかのひとり、家族のための人間として見られがちだ。仕事社会の一員として見られない傾向があるように感じる。しかし本来は、女性も男性と同じように、家庭以外の場所でもいきいきと生きる権利があるはずだ。

子どもの数が減少し、急速に高齢化が進む日本の財政状況を考えても、税金や年金の保険料を納められる女性が増えることは好ましい。現実には困難が多々あるだろうが、それを乗り越え、私は仕事と育児・家事を両立させていきたい。

Advice　「甘え」を見せてはいけない。だが自己主張が強すぎるのも、チームワークを乱す恐れがあるのでは？　と嫌われるので注意。

テーマ

当社に私を推薦する

外見よりも機能性を

いちばん最初に私が建築関係の仕事につきたいと思ったのは、高校に通う途中の電車のなかだった。

臨海副都心の近くを通るその電車の窓からは、いつも建築中のビルが見えていた。更地にビルが増えていく過程は、さながらビルが命をもち、成長を続けているようだった。ほんの一年前までは何もなかったところに、外観の美しいビルが立ち並ぶ。その創造性とスケールの大きさをもつ建築に、私は魅力を感じたのだ。

ところが大学三年の冬、スキーの合宿の最中に、私は思わぬケガをしてしまった。それ以来、建築に対する私の思いは別のものになった。

情けないことにケガはかなりの重傷で、三カ月間の車椅子生活を余儀なくされてしまったのだ。

友人や家族に付き添われてたびたび外出したときに感じたのは、駅や公共の道路がいかに車椅子利用者にとって使いにくいかという

発想のヒント

◇このテーマでは、明らかに自己PRが問われている。

自己PRで最低限必要なのは、次のふたつだ。

1．私は○○という人間だ。

2．それを裏付ける具体的な体験とは○○だ。

さらに、自分を推薦する（売り込む）部分を強調するなら、

1．私はいま、何ができるか。

2．志望する企業に、どのようなメリットを与えることができるか。

3．今後、何をしていきたいか。
を考えなければならない。

◇自分の売りはこれだ、というのはあま

ことである。だがもっとも印象的だったのが、外観の美しい建物は多くても、体の不自由な人のことを考えた実用的なビルが意外に少ないということだ。健康なときには気づかなかったちょっとした段差や、タイルとタイルの切れ目の溝などが、不便を強いるのだ。建物の中でも、デザインを重視している場所のほとんどが実用とは掛け離れていた。車椅子用につくられたはずの入口のスロープさえ、幅がちょうどよくなかったり、傾斜が急すぎたりする。

体の不自由な人は、ただでさえ不自由な生活を送っている。なのに社会がさらに不自由を強いているのではないか、と思わずにはいられなかった。

これからの建築物には、外観の美しさばかりでなく、体の不自由な人のことを考えた機能性の追求も不可欠だと思う。福祉に理解のある御社で、使いやすい建物をつくる仕事をしていきたいと思う。

使える！応用テーマ例

建築家を目指しているところは、「夢」「私の可能性」「十年後の私」「生き甲斐」「私の進むべき道」「将来の抱負」などに使うことができる。事故の体験は、「私の過去と未来」「心に残る貴重な体験」「勇気」「やさしさ」「希望」などに応用できる。

り早くから決め込まないほうがいい。ひとつに絞りこんでしまうとバリエーションがきかなくなる。他人が聞けばたいしたことないと思うこともある。できるだけ第三者に話す機会をもって、その反応を見ながら深めていくのがいいだろう。

注意ポイント

◇自分のセールスポイントをいくつもあげると、まとまりのない文章になる。

セールスポイントはひとつ、それを裏付ける具体的体験もひとつ、と的を絞るのがコツ。

◇また、難解な言葉や文学的表現を使うのはできるだけ避けること。あくまでわかりやすい文章をめざそう。

広告 内定

テーマ アルバイトを通じて学んだこと

プロ店員の接客

大学一年生の春、地元、神奈川県本厚木のサーティワンアイスクリームの従業員になった。人生初のアルバイトだ。

コミュニケーション能力に自信があった私はきっと上手い接客が出来るだろうと考えていた。しかし挫折した。話せない。正しく順番通りにセリフを言わなくてはいけないという教えが頭の中を駆け巡り、言葉が上手く出てこない。当然お客様も怪訝な顔をした。それに加え、店長からはお客様に合わせた接客が出来ていないこと、笑顔や愛嬌がないことを指摘された。押し売りをするのではなく、笑顔でおすすめするのだと。今までの自信は崩れ去り、愕然とした。

世の店員たちはどうしているのだろうと思った。私は渋谷へ行き、異業種ではあるがアパレルの店員を観察した。すると一人の女性店員が目に止まった。彼女は笑顔を絶やさず客と話し、服をおすすめしていた。客も嬉しそうだった。さらに彼女は客に声をかけて無視をされ、冷たい態度を取られても一切表情を変えない。プロの店員だと思った。

感動した私は彼女に話しかけた。なぜそんなに接客がうまいのかを聞いた。彼女はりえと名乗った。服飾学生の傍らアルバイトをしているという。彼女は言う。

「声は常にワントーン上を意識しています。接客はお客様の雰囲気を見て、お客様が一番求めている言葉を言うのです。褒めて欲しい人、肯定してほしい人、違うものを勧めて欲しい人、お客様は様々です。いつも、その人にあった接客をするように心がけています」

彼女の言葉は、すべての接客業に当てはめることが出来ると感じた。その後、私もその言葉を頭に叩き込み、声の高さを上げ、マニュアル通りの接客をやめた。すると型にはまらない、客に合わせた接客が出来るようになった。だんだん、自分らしさが出せるようになった。彼女の言葉は今も私の中で生きており、私の接客の礎となっている。

Advice　アルバイトでの失敗をきっかけに、わざわざ他の店に取材し、上手に克服した体験を取り上げた点が良い。ESや昇進試験の願書などにも使える。

テーマ　私のアルバイト体験

新聞内定

ウナギのお姉さん

毎年、六月も終わりになると、決まって一本の電話がかかってくる。都内にある人材派遣会社からで、聞かれるのは七月末、丑の日の予定である。

相手は「ウナギの蒲焼」の売り子を探しているのだ。大学に入学してすぐの頃、私は一度この「ウナギのお姉さん」を体験している。日当一万二千円（交通費別）。高校を卒業してすぐの私にとっては、破格のアルバイト代であった。

しかし、現実は甘くなかった。このアルバイトをするにあたって、まずは「ウナギの勉強会」に出席しなければならないのだ。丑の日の何日か前に、都内某所の雑居ビルの一室に、女の子ばかりが十数人集められ、ウナギに関する知識が詰め込まれる。

「美味しいウナギとは、泥を食べずに淡水で育ったウナギであって、国内では中国、四国産が一番……」と、グラフなどを活用しながら、一時間半かけてウナギについて学ぶ。

派遣先はほとんどがデパートの食品売り場であるため、その次は実践編となり、買い物客の視線を集めるために、大声を上げてウナギをアピールする練習を合格するまでやる。こうしてウナギ売りのプロが誕生するのだ。

当日、私は品川にある、ダイエーの地下一階に派遣された。すでにフロアに用意された、二百匹のウナギ（蒲焼）と私。客もまばらな午前の食品売り場に、私の声だけがこだまする。とても物悲しい気分である。

しかし当時の私は、二百匹のウナギを売るという使命感に燃えていた。最初の敵は同じく食品のプロである主婦で、声を大にして戦った。ウナギが一匹、二匹と売れていくと、不思議な達成感に包まれる。そのうちに、鮮魚売り場の社員の声もつられて大きくなっていく。食品売り場は妙な活気に満ちて、午後七時四十五分、ウナギは完売された。

この日の好成績のお蔭で、五年たった今でも、依頼の電話が来る。

Advice　おもしろい。ラストの一文も「オチ」になっている。このような「業界秘話」は受ける。アルバイトもしっかりメモをしておくと役立つ。

テーマ

なぜこの業界を選んだのか

発明の必要性

子どもの頃から、私は「発明すること」が好きだった。発明といってもくだらないものばかりだ。たとえば、短くなって持ちにくくなった鉛筆に、ボールペンのキャップを三、四個つなげて再生させる、といった具合だ。発明の喜びより、自分のイメージしたものが、具体的な「形」になることが嬉しかった。

二十一歳になったいまも、この思いは基本的には変わらない。自分のイメージを具体的な形にしたいという思いだ。現在の私のイメージは、交通事故の犠牲者を一人でも少なくしたい、ということである。統計によると、自動車による事故の件数は、平成十二年で約九十三万件、死者数は九千六十六人にものぼる。

私は交通事故の犠牲者を減らすには、ハードとソフトの両面からの取り組みが不可欠だと考える。ハードの面では、メーカー各社がそれぞれ努力をしている。エアバッグ、ＡＢＳなど、人にやさしい技術が開発されている。また、チャイルドシートやシート

Hint

発想のヒント

◇このテーマも、結局は「志望動機」「自己ＰＲ」を問われていると考えよう。ただし、「業界」とついていることから、書き手が業界についてどれだけ研究しているかを見る部分もある。この作文を書くには、入念な業界・企業研究が大前提になるということだ。

◇書く材料を見つけるには、

1．自分はどういう人間か。中でも自分の強みは何か。

2．それを説得できる具体的な体験は何かないか。

3．その強みを生かして企業で何ができるか。

を考えてみよう。大事なのは、出発点

ベルトカッターなど、ハイテク以外の部分でも安全性を高めるグッズが開発されている。

だがメーカーは、さらにソフト部分での対策も講ずるべきではないかと思うのだ。交通事故が起きてしまう原因のひとつに、「四輪車、二輪車のドライバー、自転車、歩行者が、それぞれの性能をよく理解していないこと」があると思う。道路標識の「止まれ」を守る歩行者や自転車は少ない。車の「死角」を二輪車（スクーターを含めて）のドライバーがどこまで把握しているかも疑問だ。

そこでメーカーが安全運動を行う。ドライバーに優しい車社会をつくるための努力をする。現在、各種メーカーは、環境問題の観点から、つくり出した製品が不要になったあとの処理の責任を問われている。同じような意味で、自動車メーカーには、ソフトの面からの交通事故を減らす努力が必要なのではないだろうか。

ひとことアドバイス！

自分の将来のビジョン、仕事への価値観がはっきりしていればいるほど、それに合った企業選びをするため、企業研究にも熱が入る。企業研究がいまひとつ進まないというときには、自分研究に戻ってみよう。また、企業研究は「足」で行うこと。資料や文献だけに頼らずに、OB訪問、店舗訪問を積極的に行おう。メーカーの場合は商品のチェックも重要だ。

に「自分」があること。お仕着せの志望動機や自己PRは、すぐに見破られてしまう。

注意ポイント

◇業界の絶賛に終始しないようにしたい。企業は書き手の人間像、勧察力、創造力などが知りたいのだ。

◇逆に、辛辣な批判も避けたい。企業は、日夜現実と向き合い、問題解決の努力をしているのだ。実際に問題に向かって何もしていない人間に酷評されれば、誰でも不愉快になる。

◇また、週刊誌や新聞に企業批判が載る場合もあるが、それについても触れないこと。

テーマ　○○と私

ユーチューバーと私

建設
内定

18歳まで、私は自分で髪を切っていた。一回3000円ほどのヘアカット代を浮かし、自分の小遣いにするためだ。最初は要領がつかめず、頭のあちこちが青くなった。それでも回数を重ねるごとに上手くセルフカットできるようになった。

いつしか友達のカットも一回1000円で担当するようになった。大学生になってからもセルフカットを続けた。ある日友人が「お前の知識と技量を活かし、ブログを書いたらどう?」と言った。あまりに熱心に勧めるので、地方から上京してきた少し芋臭い学生向けのブログを始めた。ヘアセットやファストファッションについて書いた私のブログはそこそこ反響を得た。私の記事を読み、学生生活が明るく楽しくなったという感想が定期的に届いた。ニヤケが止まらなかった。

味を占めた私は広告収入を求め、YouTubeへ進出した。ヘアセットは文字よりは映像の方がわかり易いはずだ。そう思い動画配信を始めた。だが1か月のアクセスは多い月で15人ほどだった。その中には、私自身や友人のアクセスも含まれる。ブログ内で告知をしてもアクセスは増えない。不思議でたまらなかった。

だがある時、理由がわかった気がした。それは私自身になんの魅力もないからだ。有名なユーチューバーは、その人自身にコンテンツ力というものがある。視聴者は情報の内容ではなく、配信する「人」を目当てにしているのだ。反面、私には情報の質はあったが、私自身のコンテンツ力は皆無だった。だからアクセス数が増えないのだ。文字と映像の違いを、身をもって学んだ。映像は良くも悪くも「人」が主役になりがちなのだ。

私自身は凡人だ。だからこそ私はこれからも情報の質で勝負したい。自分の足で稼いだ情報を、熱量を保ったままダイレクトに多数の読者に伝えたい。それができるのは記者だけだ。

Advice　起承転結が明確で、うまく志望動機を伝える作文になっている。ユーチューバーを知らない中高年の採点者からも高評価を得るだろう。

テーマ **社会的常識とは**

偏見や予断を捨てて……

役所内定

「大丈夫ですか？」。外で目の見えない人を見ると、私は週に一度くらいそう声をかける。そんな当り前のことがやっとできるようになったのは、大学でボランティアのサークルに入ったからだ。私はそれまで、障害をもった人への接し方がわからなかった。そのサークルで、大学内で唯一目が不自由な学生のKさんの話を聞く機会があった。

Kさんはとても明るく、気さくで私たちの質問にも気軽に答えてくれた。特にわからなかった点、それは目の見えない人の誘導の仕方だった。私達は安易に手を握ったりするのがいいと考えがちだ。しかし、肩を貸すほうが適当であると教わった。

街を歩いていると目の見える私たちでさえ人ごみに不自由を感じることがある。目の見えない人にとって、とくに都心の道は危険で不自由だ。声をかけることができるようになったのをきっかけにして、様々な部分に注目するようになった。たとえば点字ブロック。自転車がたくさん置いてあるとよく問題にされるのだが、実際街を歩いてみるとひどいものだと感じる。そしてどこに行くのにも必ずブロックがあるわけではなく、途中で切れていたりもする。また、ブロックの上を一生懸命歩いている目が不自由な人を、全く気に留めず道を空けない人もいる。

このような私だが、実際に肩を貸したことはない。なぜかというと、いつも必ず声をかけた人は「大丈夫ですよ。ひとりで行けます」と言うからだ。それでも近くまでは付き添って歩く。強く拒絶されることはない。声をかけると好意的に接してくれる。目が見えないということは確かにハンディキャップではある。しかしすべての人が援助を欲しているわけではない。求めているのは、違いを認めたうえでの思いやりであると私は思う。

就職をしたら、サークルで学んだ以上にいろいろな常識を学ぶことになるが、私はできる限り偏見や予断を捨てていきたいと思う。

Advice　自分の体験を上手にテーマに結び付けている。ボランティア活動をしたということがさりげなく自己ＰＲになっている。

テーマ

私の企画

ハイテク国・日本の旅

「最終日のバザールの値段交渉、あれは私の勝ちだな。バザールの親父とのやりとりは楽しかったな」

などと思い、ニヤニヤしながら成田エクスプレスの新宿駅行きに乗った。ツアー名「トルコ魅惑の旅十日間」からの帰り道だ。

そこではたと気づいた。行きの成田エクスプレスで、私がいちばん楽しみにしていたのは、アカソフィアやトプカプ宮殿、それにトルコ料理ではなかったか、と。それなのに、意外にもバザールでの出来事がいちばん思い出深い。

私はよく、ツアーパックを利用する。猿岩石の影響もあってか、放浪的な旅が、友人たちの間でははやっている。だが私は相変わらずのパック愛用者だ。観光ポイントにさっと連れていってくれるところが気に入っている。けれど今回のトルコ旅行では、パックの狙いと実際に私が楽しかったことには、少しズレがあったなと思う。

そんなことを考えているとき、ある旅行関係の新聞記事を見つけ

Hint

発想のヒント

◇このテーマの場合、出題する業界・職種によって、そのねらいは微妙に違ってくる。

企画力が必須能力ともいえる、出版・放送・広告・アミューズメントなどの業界は、豊かな発想力・斬新なアイディアを求めている。「商品を企画しなさい」「雑誌の特集記事を企画しなさい」「自分自身の企画書を書きなさい」といった形で出題されることもある。

◇これらの業界では、頻出中の頻出ともいえるテーマ。あらかじめ自分の企画を一本練っておいたほうがいいだろう。

◇これら以外の業界で出題された場合には、現状に合わせた、地に足のついた企

た。その記事は、「旅行会社が組んでいる外国人向けの日本の旅は、京都や奈良、広島を中心にしたものばかり。それは、日本を訪れる外国人が本当に観たいと思っているものとは、ずれていることも多い」といったものだった。

これはおそらく、私がトルコのパック旅行で感じたものと同じことだろう。とくに台湾や韓国、中国など、アジアの地域からの訪問者を想定すると、「東洋色」を全面に出しているいまの「日本の旅」は少し物足りないように感じる。そこで私が考えるのが、ハイテク国である日本の特性を生かした「工場見学ツアー」だ。日本製品がどのような工程を経て、どのような技術を用いて、どのような体制でつくられているのかを見てもらう。日本の「技術」を直接見てもらうのだ。機械科を専攻して得た知識を、十分に役立てることができると思う。

使える！応用テーマ例

企画の部分では、「私の夢」「この会社を志望した理由」「十年後の私」「この会社に私を推薦する」「いま、もっとも興味を抱いていること」「私を当社に推薦する」「自己PR」に、トルコの旅の部分は、アレンジすれば「忘れ得ぬ体験」「旅」「人との触れ合いについて」「最近の新聞を読んで思うこと」などに応用できる。

画を立てたほうがいいだろう。

とくに一般事務職のような、ほかの社員のサポート的役割をする職種の場合には、突飛な発想はかえって嫌われる。現実に可能な範囲で、オリジナリティをうまく入れ込むことが必要だ。

◇書く内容を検討するときには、基本的には志望動機、自己PRと同じ方法で進めればいい。

1．自分はどういう人間なのか（特技は何か）。
2．それを裏付ける具体的な体験は何か。
3．自分の個性（特技を含めた）は仕事のどのような場面で生かせるか。
4．自分だからこそできる仕事とはどんなことか。

4を、より具体的なものに練り上げれば、それが「企画」となるはずだ。

◇「企画」という言葉にとらわれすぎてしまうと失敗する。これは企画書ではなく、企画を通して自分を表現する（自己PRする）作文だからだ。

テーマ　雑誌で何を伝えたいか

「共感」の種を植える

現代社会というのは、個人個人の生き方が尊重され「ほうっておかれる」権利が認められている。これは一見、大変快適な生活に思える。

しかし人は寂しがっているのではないか。

誰かと同じものを見、同じものを求め、同じことを体験することで得られる「共感」は、寂しさの解消に大きな効果を発揮する。自分以外の「人」の息吹を感じるからだ。ところが現代社会は他者と同じものを見なくても、求めなくても、体験しなくても生きていけるくらい寛大だ。また、容易に好きなものだけに囲まれた自分世界を構築できる。しかしいくら自分の好きな本や映画や音楽に囲まれても、活字や映像や音に体温は感じられない。ゲームセンターで見知らぬ他人とモニター越しに対戦格闘ゲームに興じる若者がいる。勝っても負けてもできるだけ無表情を装い、ただ執拗にモニターを見つめ、百円玉を次々滑り込ませてゆく。ゲーム雑誌から攻略に関するあらゆる情報を貪り、他人との対戦に金をつぎ込む。彼らの望みは何だろう。

彼らに限らず、自分の趣味に尋常でないのめり込み方をしていたり、大人たちが眉をしかめる趣味に没頭している人たちをフリークとして珍しがって面白がるのは簡単だ。しかし彼らは本当に「特殊」だろうか。

いわゆる「オタク」と呼ばれる人たちがいる。彼らについて見せ物小屋的な扱い以外の取り上げ方をした文章、番組は少ない。私は彼らの趣味のマニアック度ではなく、その声、社会との折り合いをどうつけているか、世界観、哲学などを読者に伝えたい。

彼らはこの寂しさ溢れる現代社会でいち早くその空気を察し、自分なりのシェルターをつくりあげたデリケートで狡猾な神経の持ち主なのだから。

現代社会が生み落とした彼らを描写することで、同じ社会で寂しさを感じている人々に大きな共感をもたらすことを期待する。

Advice　単に「こういう雑誌をつくりたい」では説得力がない場合が多い。この文のように、そう思った過程を深く考察していくのもひとつの方法だ。

テーマ　こんな製品をつくってみたい

イルカと話ができる機械

私は、イルカと話ができる機械を作ってみたい。ほんの二十年前までは、イルカの生態は海の神秘のベールに包まれていた。現在は、世界中の大学・研究機関でさかんに研究が進んでおり、さまざまなことが明らかになってきた。超音波で仲間とコミュニケーションするイルカは、ソナーの感度がよく、地球の裏側の音まで聞こえるといわれている。イルカの会話を録音し、回転を遅くして再生すると、人の会話かと錯覚を起こすほど似ているそうだ。イルカの知能は、陸上で人間に近いとされる猿よりも高い。人間と同じ知的生物が海の中にもいるということだ。

そんなイルカが私は好きだ。イルカを見ていると心がなごむ。実際、自閉症の子どもがイルカと泳ぐことで心が癒され、病気が治るという話もある。ほかにもイルカのリラクゼーション効果を利用した治療法がある。身障者が泳いでいるとイルカのほうから寄ってきてくれるそうだ。もしイルカに人の言葉が話せたら一体何を語るのだろうか。もっとコミュニケーションが取れたら、医療の進歩にも役に立つのかもしれない。

イルカが生息する海も、人間が引き起こした問題によって大規模な環境の変化に直面している。人間に好奇心を示す、新しい医療への可能性もあるイルカを、人間は危機に追いやってしまっている。

ガイア理論という考え方がある。地球をひとつの大きな生命体と見なし、人間の体に手や足や心臓があるように、地球に暮らす様々な種族は、それぞれに応じた役割をもっているという考え方だ。人間は、科学の力で物の豊かな社会を作り上げた。その科学文明も行きづまりを見せている。

御社が培った通信技術を、今度はイルカとのコミュニケーションに利用できないだろうか。大切なのは人間の情熱だ。これはイルカや地球のためだけではなく、我々人類にとって必要なことだと思う。

Advice　この文のように、取り上げた対象にどれだけ知識があるかを嫌みなく表現することで、対象に対する熱意を伝えることができる。

テーマ　私の姿勢

顔

「あんたはいい顔してる」

東京の下町にある○○寺の屋台で、おばさんは私の顔をじっと見て言った。「そんなの知ってる。べっぴんだよ」と口々に屋台のおじさん達が茶化す。おばさんは「そんなこと言ってんじゃない。正直者の顔だって言ってんだよ」とあきれた顔をした。

二年前のお正月、私は○○寺の屋台で一週間働いた。

アルバイト初日の大晦日、屋台に行くと、そこには予想通り強面のおじさん達がいた。その中に一人、やはりきつい顔をしたおばさんがいる。おばさんは私に仕事の指示を出した。私の最初の仕事は、ひたすら豚汁用の大きな鍋に味噌を入れることだった。私の手際が悪いと言っておばさんは私から味噌を奪った。次に命じられた仕事は、焼きそば用の野菜切りだ。ときどき私の手元を厳しい眼で見つめるおばさんを前に、とても緊張した。

仕事は山のようにあった。屋台の中には座って食べる場所もあり、そこでの接客も私の仕事だった。お客様に代金をもらう際、おばさんはいつも私の手元を確かめていた。私がお金を盗まないか心配なようだった。

初日に一番驚いたことは、夕方四時から夜八時までと言われていたはずなのに、朝の八時まで働かされたことだ。それを命じたのも、おばさんだ。その屋台の頭の妻であるおばさんには、全てを威圧するオーラがあった。

次の日、アルバイトの男の子の一人が来なくなった。「あんたもやめてもいいんだからね」とおばさんは私に言う。私は悔しかった。意地でも根性を見せてやろうと懸命に働いた。

四日目になると、おばさんの私を見る目が変わってきた。おばさんはもうお客さんの代金を握る手を確認しなくなっていた。五日目には、甘酒の屋台を一人で任された。

最終日、おばさんは私に「あんたはいい顔してる」と言った。口の悪いおばさんの放った唯一の褒め言葉は、胸に染みた。

Advice　「テキヤ」のアルバイトの話だ。まるで「男はつらいよ」の世界にタイムスリップしたようだ。ネタがとてもよい。それだけで評価も高い。

テーマ いま役所に欠けているもの

フレキシブルな対応

黒澤明監督の映画『生きる』を見た。役所勤めの中年男の主人公が、自分の体が癌に侵され余命いくばくもないことを知り、余生を精一杯生きようとする話だ。

主人公の日々の仕事は、部下からまわってきた書類にハンコを押すだけで、市民から「空き地の水たまりを何とかしてほしい」などの要望があっても、他の課へまわしてしまう。こんな役所特有の自分の働きぶりも含めて、主人公はいままでの自分を反省する。

この映画は、フレキシブルな対応がまったくできない、日本の役所に対する痛烈な批判にもなっている。

ところで、この映画がつくられたのは、今から約四五年前のことだ。今観ても十分おもしろく、古くささを感じないのは、黒澤監督の腕もさることながら、日本の役所の体質が当時とほとんど変わっていないからだろう。

先日、部屋に古い雑誌がたくさんたまってしまったので、リサイクルに出そうと思い市役所に電話をしてみた。何度か違う課にまわされた揚げ句、「市レベルでは古紙回収はやっていない」という答えが返ってきた。

仕方なく、雑誌は料金を支払って専門の業者に引き取ってもらったものの、何となく解せない。コンピュータ化、デジタル化など、世の中は急速なスピードで変化している。私たちはその変化に必死についていかないと、職を得ることができなかったり、中年男性のリストラに見られるように職を失ってしまう。だがその一方で、役所は旧態依然としていることにだ。

国際社会は、環境問題に積極的に取り組んでいる。日本でも企業レベルでは、「環境ISO」の取得が増えていることからわかるように、環境への取り組みが進んでいる。本来なら、役所はいち早く環境問題に取り組み、具体的な環境への対策を講じるべきなのではないか。役所のフレキシブルのなさが、その行動を遅らせているように思う。

Advice　有名な映画と身近な例で、役所の対応の悪さを書いているところがわかりやすい。小論文は具体的でないと説得力がない。

テーマ

社会人としての抱負

出版内定

私がめざす社会人像

私の叔母は関西ではちょっとした有名人である。「先生」と呼ばれ、学校などで講演をすることもある。叔母は京都市役所の福祉課に長く勤めていた。「人間がいちばんおもしろい」と言う叔母の最大の趣味は人間ウオッチングである。このウオッチング、ただ人を眺めているわけではない。

先日叔母が千葉の我が家にやって来たときのことだ。叔母は電車の車内である実験を試みた。

その実験は「あっ」と突然声を出すことだ。京都なら数人は自分を注目し、中には「どないしはりました?」と声をかける者もいる。しかし東京では視線を送りさえしないそうだ。「ううっ」、次にこんな声を出す。十中八九誰かが声をかけるのは京都。東京の反応は推測の通り無視である。叔母はしきりに「住みにくいところやなあ」を連発していた。

叔母にはもうひとつの口がある。手話である。いとこは幼いこ

発想のヒント

◇「社会人としての抱負」というテーマは少々やっかいだ。テーマどおりにつまらないことを書いても何十、何百人分という作文を見る採点官からすると「またか」になるのである。

◇したがって優秀な作文は、テーマと全然関係ない話で展開してもいいのである。面白いネタの話を書き、最後に「社会人としての抱負」を一行書くのだ。この実例文も見事である。非常にユニークな叔母の話を書き、ラストにまとめている。

◇考えてみれば社会人というのは日本に数千万人いる。学校を卒業すれば社会人である。無職の人や家事手伝いの人も社会人なのである。どの社会人を取り上げ

ろから手話を教え込まれた。その叔母の怒っているときの手話は迫力満点だそうだ。叔母の手話の実力は、政見放送や各種講演会に呼ばれるほどである。そんなひとつに大阪の歌手、K氏のコンサートがあった。冒頭、K氏が自己紹介をする。舞台の端で叔母がK氏の名前を手話で見せ、サルの顔真似をした。どっと会場が笑う。K氏は何が起こったのかわからない。ただ名前を伝えるだけでは味気ないと考えた叔母のアドリブだ。

　K氏の歌も同時通訳するそうだが、歌詞は言葉に独特の情景や心が込められているので、コンサート前にチャンスがあれば歌われている場所へ出かけて、歌の雰囲気をどう伝えるか思いをめぐらせるそうだ。K氏は手話で聴衆の心をとらえてしまった叔母を随分気に入ったようだ。私の抱負は叔母のように「人間臭い」社会人になることである。

使える！応用テーマ例

「社会人」「ビジネスパーソン」「勤労」「プロとしての自覚」「プロフェッショナル」などが挙げられる。ほかには「企業人」「組織と私」など会社に入ってからの自覚をストレートに問う場合もある。

　本音と建前の区別はつけておいたほうがいい。どういう会社を受験するのかも判断のひとつになる。

るか。その選択は無数にあると言ってよい。誰を取り上げるのか。そこに筆者のセンスがかかっているといってもよい。

注意ポイント

◇このテーマは気を緩めると企業寄りのことを書いてしまう。企業寄りとは企業（役所志望なら役所）がこう希望していることを予想して書いてしまうことである。

　しかし、それでは面白くない。ほかの人との差別化は図れない。

◇まず、基本的な書き方としては周囲にいる社会人で面白い人を取り上げてみよう。もちろん企業は組織なので「一匹狼」のようなのはダメである。この実例文の主人公のように、市役所に勤めながらボランティアのようなことをしているような人が理想だ。

テーマ

社会人は学生とどう違うか

銀行内定

ホームレスと学生

その光景は外国人観光客からすると、とても奇異だろうと思う。東京新宿駅の西口には多くのホームレスがいる。彼らは新聞を読み、ラジオを聴き、炊事もする。文字通り路上で「生活」しているのだ。私はその日、ホームレスの人に話を聞こうと新宿に行った。持っていった二十個のパンは、ものの十秒程で私の手から無くなった。彼らが食べ終わるのを待って質問した。

「わしらもこんな所いたくないよ。でも働けないんだよ。不況で日雇いの仕事がないし、ほとんどの人は足が悪くなったりしてなあ……」

五十七歳の男性は言った。彼は三十年間、大工の日雇いの仕事をしていたという。以前あった仕事がバブル崩壊とともに無くなり、ホームレスになったそうだ。別の五十九歳の男性は、以前サラリーマンだったという。「大学も出たけど、会社に入っても何も面白くない。何もやりがいがなくてね」。何もしない日々が続き、

発想のヒント

◇このテーマは難しい。つい平凡なことを書いてしまうからだ。社会人になったら一生懸命働く、サークルの幹事長をやった経験を活かすなどと、ピントはずれなことを書いてしまいがちだ。

◇採点官を読む気にさせるには、この実例文くらい思い切ったことを書いてもいい。新宿のホームレスは誰でも見ている。きれいとは言えない。避けたい心理が働く。しかし、あえてそれをテーマに書いている。思い切った発想が新鮮だ。

◇「社会人」と学生との比較でこうした普通でない「社会人」とあえて比較するのも面白い。自分のいまの「体制」に疑問をもつ。この発想が最大の自己PRと

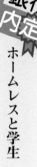

いつの間にかホームレスになっていたと彼は笑って言った。

新宿区役所の福祉課では、ホームレスの人たちに対し、乾パンとカップメンを配っている。ある職員にこのことを聞くと「国民には勤労の義務があるということをわかっていない。食べ物をあげてもきりがない」と言う。

しかし、彼らは、本当になまけものなのだろうか。私は社会人として落伍したと見なされているホームレスの人を見るたびに働くことの意義を考えてしまう。

一方、学生はどうだろうか。授業に出ない学生は多い。彼らには家があるのでホームレスとは違うが、大学に魅力をなくしている点で精神的ホームレスと言える。社会に出たら会社があり、仕事がある。私は社会人として精神的ホームレスにならないように「意義」を考えながら働いていきたい。

使える！応用テーマ例

もっとも多いのが志望書やエントリーシートに書かせる「学生時代に何をしてきたか」だろう。

また「生きる」という重いテーマになる場合がある。「私のアルバイト体験」などのテーマで、学生と「疑似社会人」である学生アルバイトを比較させ、バイトから何を学んだかを試す場合もある。


も言える。

注意ポイント

◇自分の過去のことから作文の題材を探しても、ネタはすぐにつきてしまう。となると、あとは取材しかない。この作文は取材が入念にされている。
◇その入念さは、取材相手のおじさんの年齢や、仕事の年数などのデータによく表れている。作文を書くときのポイントのひとつがこのデータである。
◇また、ホームレスに話を聞くのにパンを二〇個持っていっているのがよい。心配りができる人間であることをアピールしている。自然と自己ＰＲになっている。

社会情勢ジャンルの書き方のポイント

Point 知識でなく意見を述べる。

このジャンルのテーマは、作文というより論文として出題されることが多い。

論文は、与えられたテーマについて論理的に考え、自分なりの意見を打ち出すことだ。体験を通して自分自身について語る作文とは違う。

論文を課された場合、まず注意しなければいけないのが、問われているのは知識ではなく意見だということ。たしかに論じていくためには解説部分も必要だ。しかしそれに終始しては、一般的に新聞やテレビで言われていることをまとめたにすぎないものになってしまう。新聞の社説的なもの、一般論的なものを採点官はもっとも嫌う。

Point イエスかノーかをはっきりさせる。

では自分の意見を打ち出すにはどうすればいいか。

それは自分で問題提起をしてしまえばいい。たとえば「代理出産について」というテーマが出題されたら「最先端の科学技術を人はどこまで応用すべきか」、「代理出産は、人を幸福にするか」などのように、自分でテーマを立て直す。それに対してイエスなのかノーなのかをはっきりさせ、説得材料を揃えていけばいい。

答えはイエスでもノーでもかまわない（ただし、企業の経営方針を否定するようなものはだめ）。その答えが、新聞やテレビの受け売りでなく、自分で考え出したものであればいいのだ。

Point 大きなテーマは、小さなテーマに変換する。

このジャンルのテーマは、そのカテゴリーが広く、抽象的な場合が多い。たとえば「環境について」「日本の政治について」などだ。

このテーマをそのまま受け取ったのでは、範囲が広すぎて、とてもまとまった内容にはならない。環境や政治全体を論じても、漠然としてしまう。

そこで、**与えられた大きなテーマを、自分の手の届く範囲に狭めてしまう。**自分の知識で論じられる範囲に、テーマを引きずりこんでしまえばいいのだ。「環境問題」なら、ゴミ問題やリサイクルなどの話に狭めれば生活感覚に近い内容を書くことができる。

要はいかに自分らしい視点をもつことができるか、である。

Point 知識は日ごろから蓄えておく。

いくら自分が書ける範囲にテーマを狭めるといっても、やはり書くためには最低限の知識は必要である。

浅い知識では、論理の展開も薄いものになってしまう。これには日ごろから新聞やテレビをチェックし、常に問題意識をもつようにするしかないだろう。

公務員内定

テーマ　外国人労働者

壁

私は実家の学習塾で5年間講師を勤めてきた。夏・春の２ヶ月間の休み中、毎日、4時間半から6時間だ。小学生から高校生までの生徒に、足し算からアルゴリズムまで幅広く教えてきた。

指導をする中で印象に残った生徒がいる。2年前の夏、私は、小学5年生のグエン君の授業の担当になった。

私の実家がある群馬は、自動車関連機器の工場が多い。そこで働く、外国籍従業員の子供が私の塾に多く在籍しており、彼もその一人、ベトナム籍の生徒である。

彼に、国語の長文問題を解かせることが、私にとっての壁となった。家庭で日本語を使わないためか、彼は極端に日本語の単語を知らなかった。文章に出て来た「客観」や「環境」といった、日本人の小学5年生ならば知っている言葉を理解していない。最初、彼は一問も解答出来なかった。

私は、それまでは、文章を理解できる生徒に、「筆者がこう思う理由はどこに書かれている？」と、答えを見つけるヒントを与えてきた。今回は文章の意味を理解するヒントを与えようと思い、次のことをした。授業前に、グエン君に使う長文問題の単語を全て抜き出し、分かりやすい言葉に噛み砕いた。その説明を日本人の小学一年生２人に聞いてもらった。一年生に伝わると確認した後で、授業の最初の15分間で、グエン君にそれらの単語を説明し、それから問題を解かせた。こうした授業を、2年前の夏、春と合計で50回以上やった後、彼は私の単語説明無しで、長文問題を半分解けるようになった。

その時、私は少しだけ壁を乗り越えられたように感じた。「外国人だから、日本語が出来なくても仕方が無い」と馬鹿にしていたら、この壁は越えられなかったと思う。壁を乗り越えるために必要なものは、困難に突き当っても、腰砕けにならない「盲目さ」であると私は考える。

Advice　自分の体験を上手に社会性（外国人労働者）に結びつけている。教え方をいかに工夫したかが具体的に書かれている点も良い。

テーマ 中央と地方

映画内定

対

「姉ちゃん、どこから来たの」

五月下旬、初めてカルタの大会で秋田を訪れた時のことだ。乗り合わせたタクシーで、六十代くらいの運転手さんが話しかけてきた。「習志野」と答えると、「じゃあ秋田なんか田舎でびっくりしたでしょ」。

運転手さんの名前は千葉さんといった。秋田生まれ、秋田育ちの彼は、地元のことなら何でも知っていると誇らしげだった。

「秋田はな、女の人が美人なんよ。秋田は曇りばっかりだ。日が照らないからみんな色白なんだよ。ほら、あの人美人だろ」

千葉さんは運転しながら通りを歩いている女性の方を見た。千葉さんのおどけた表情は、少年のようだった。

「あとな、普段はこんな人が少ないけどな、竿燈祭りの時は何人集まると思う?」

「十万人くらいですか」と返すと、千葉さんは「ハハッ」と笑った。「百四十万。こんな小さい街に百四十万」。線路に人が群れをなすほどの盛り上がりだという。

目的地が近づいてきた。私は少し勇気を出して聞いた。「イージス・アショアが秋田に来るってどう思います?」。イージス・アショアは、地上配備型の新しいミサイル防衛システムだ。千葉さんの横顔が一気に曇ったのがわかった。「ああ。イージスな。どうせ人が少ないところ選んだんだろ。北朝鮮と何かあったら秋田が狙われるってわかってるくせにな、安倍くんは」。

そして吐き捨てるように言った。「一応、地元の人たちと署名運動してるんだけど、どうせ押し切られて終わりだろう」。

地元の声が政府に届かない。これは、千葉さんにとって当たり前のようだった。

中央と地方は対等ではない。対等ではないから、真から対立することもできない。タクシーの中は、しばらく沈黙に包まれた。「あ、ごめんな」。運転手さんは慌てたように言った。「秋田はみんな親切。ええ所よ」。

Advice ふとした会話から社会問題を提起しているのは良い。この書き手のように思い切って話題を振ると、思いがけない作文のネタが手に入る。

テーマ　世界遺産（ルポ）　三保の松原

三保の松原には三万本以上の松がある。その中でも「羽衣の松」は別格だった。三〇〇年ほど昔に、美しい天女がこの大木の前に踊り、空を舞ったという伝説がある。樹齢六五〇年を超える生命力は、数メートル離れた柵の外からでもひしひしと伝わってくる。

松林を少し行けば、遥か太平洋が目の前に広がる。視界の左手から伊豆半島が続き、石廊崎を過ぎると水平線が見える。振り返ると、雲を抱いた雄大な富士山がそびえ立つ。

松林の中に絶品のおでんを売っている店があった。売店の軒先に鍋を置き、「名物・静岡おでん」の看板を立て掛けている。一本一〇〇円で、おすすめは「黒はんぺん」だ。特製の味噌とだし粉、青のりを掛けて食べる。「美味いですね、これ」と店員の女性に感想を言った。女性は宮坂さんというおばあさん。「松が枯れている」。宮坂さんは繰り返し言っていた。最近では、年間に三〇〇本近くが松原から姿を消しているという。「昔はこんなことなかったんだけど……」。地元出身の彼女は、若い頃、茶色になって倒木する様子を見たことがなかった。

原因は諸説ある。一番影響が大きいとされているのが、シロアリと松喰い虫の存在だ。近年、三保の松原で生息数を急激に増やしている。危機感を覚えた行政が、有人ヘリで殺虫剤を散布した。しかし、住民の反発や新たな自然環境の破壊に繋がるとして、現在では慎重になっている。

シロアリたちが増えた理由には、温暖化が挙げられる。加えて大気汚染も少なからず影響しているという。「松も暮らしにくい環境になったね」。宮坂さんはため息をついた。

松の減少は、世界遺産保全の面で行政を焦らせている。しかし、そもそも地元住民は三保の松原の世界遺産登録をどう思っているのか。

ＪＲ清水駅と松原を結ぶ水上バスの船着場。ここの近くにある小さなラーメン屋で、話↖

（※次ページへつづきます）

を聞いてみた。

店にいたのは、七二歳の三村さんと店主のおばあさんの西田さんだけだった。ラーメンをすすりながら、三村さんに意見を伺う。「三保の松原が二〇一三年に、富士山の世界遺産構成資産になったのは、行政の先導ですよ。地元住民が、みんなで活動したわけではない」という。むしろ、一部の住民が危惧したことが現実になったという。交通量が一時、急激に増加し、地元民の車はよく渋滞に巻き込まれるようになった。

三保神社から羽衣の松に続く五〇〇メートルの道には、松の木が道沿いに並べられている。「神の道」という史跡だ。この道沿いに車道がある。観光バス、乗用車の通過が激しくなり、コンクリートの下にある松の根が傷んでいる、という。

世界遺産の登録当初、一時的に足りなくなった駐車場を増設した。今ではほとんど使われていない。現在、静岡市では公園の中に三〇〇年前にあったとされる矢倉を建てようとしている。当時の設計図も、遺跡もない。文献の情報だけを頼りに行政が行う。その姿勢に、地元の人たちは懐疑の目を向けている。これらの設置費用はもちろん、住民や国民の税金から出ている。観光客が捨てたゴミを拾うのは、なんと、ご年配の清掃ボランティアの人たちだ。三村さんや西田さんは「世界遺産だろうが、そうでなかろうが、俺たちにとっては尊い場所だよ」と強調する。

歴史的、文化的価値のあるものは、世界の財産であることは間違いない。だが、過激な盛り上がりが与える周辺住民への利益と損害も、もう一度考えるべきではないか。

「ご馳走さまです」。勘定をしようとすると三村さんは、「俺が払うからいいよ」と言って支払ってくれた。誰かに言いたかったことを、散々言わせてもらったお礼だと言う。頭が上がらない思いだった。将来、こんな言葉をかけられる記者、取材者でありたい。

Advice　筆記試験でルポを復活させる会社が出てきた。ルポは、取材相手の会話が入っていて、全体の主張が明確になっていれば合格だ。

通信内定

テーマ　格差社会

ベンチ

最近、公園や駅のホームにあるベンチが以前とは異なる形になった。長方形に作られた座席にはひじ掛けがあり間仕切りされている。このひじ掛けが作られた経緯として、ホームレスが寝ないようにとの意味があると知ったのは大学の授業がきっかけだった。

「渋谷の宮下公園に住むホームレスが、公園の再整備に伴い一斉に強制退去させられた。元々居場所のない人々が寄り添って暮らす場所が無くなれば、ホームレスが行倒れてしまう」。そういった話をする中で教授は最近のベンチの作りの変化に言及したのだった。

ホームレスの存在を否定し、公園に居座ることを禁止する日本社会は不寛容であると私は考える。

彼らが特定の居住を持たない理由は個々人によって違うはずだ。借金の返済ができない人、失業等のため野宿せざるを得ない人がいるのではないか。そういった人々がホームレスとして生活するのは日本の行政が機能していないことが一因であると考える。何故ホームレスがホームレスとして生活しているのかという背景に気を配らないままに、ホームレスに対しての排除が行われているように感じる。

私が日本社会の野宿者に対して風当たりが強いと思う理由として、高校の時にオーストラリアへ行った際の経験がある。駅近くにいたホームレスに市民が小銭をあたり前のように寄付していた。町にホームレスが溶け込んでいた。日本では異質な存在として扱われる一方で、オーストラリアでは受け入れられる存在であることに驚いた。

思えば日本では、空港のいすにひじ掛けがあまりない。いすに座る以前に、空港では搭乗までの待ち時間に地べたで寝転んでいる海外からの旅行者をよく見る。空港は海外と日本をつなぐ窓口だ。グローバルな視座で物事を捉えたとき、いすのひじ掛けこそが異質な存在に見えてくるのではと考える。

Advice　何気ない日常の風景から論を展開していること、またホームレスに対する日豪の比較がよい。ホームレスという言葉を使い過ぎなのが気になる。

テーマ **原発再稼働の是非**

私が原発再稼働に反対する理由

井上家と我が家のつきあいは、もう一五年近くになる。

私が子どものときは家が近所だったために、井上家と我が家は、よく家族ぐるみで遊んでいた。井上家は私と同い年の長女とその下に弟が二人いる三人姉弟だ。私は彼らの両親を「井上パパ」「井上ママ」と呼び慕っている。

私が小学校三年生のとき、井上家は福島県伊達市への転勤が決まった。転勤してからも交流は続いた。一度伊達市へ遊びに行ったときは、弟二人がすっかり伊達に染まっているのを姉が嘆いていたのが印象的だった。

五年前、井上パパは異動で東京へ戻ることになった。だが井上家の面々は長女の高校卒業までは伊達市に残るという選択をする。それから二年経ち、姉は東京の大学へ進学が決まった。しかし、井上ママと二人の弟は東京へ来なかった。上の弟が「福島で野球を続けたい」と強く主張し福島で高校受験したからだ。弟は県代表クラスの選手だった。

その報告からすぐ後、東日本大震災が起きた。地震の被害は小さかったものの、原発の影響で井上家は外出を控えざるを得なくなった。マスクをして生活し、近所の人と一緒に週に一度買い出しに行く暮らしが続いた。

井上ママは三日に一回我が家に電話してきた。「早く東京に帰りたい。東京の高校に行かせたい」と言った。一方、長男はどんなに原発が騒がれても伊達市を離れたくないという。

結局、井上ママと二人の弟は今も伊達市に住んでいる。今年長男の大学受験が成功すれば東京に全員で戻ってくるという。

事故後の井上家の様子を思い返すと再稼働に賛成とは言えない。井上家の周りには原発から離れたいと思いつつも「ここが地元だから」と仕方なく留まっている人が大勢いるという。日本は地震国だ。いつまた日本のどこかで、大地震が発生するかわからない。電力の恩恵を受ける都民の一人として、「節電」と声を大にして言いたい。再稼働には反対だ。

Advice　新聞の社説のような論文にしないようにするには、自分の体験を交えるのがコツだ。オリジナリティが出るし、意見に説得力が出る。

新聞 内定

テーマ 技術

日本の技術

「ネジ一本こそ大切に手をかけなきゃな」

会社の隅に置かれた、木製の机の上のネジに目を凝らしながら老人が呟いた。

彼の名前は須藤さん。ぼそぼそと話をしながらも、正確な手つきと観察眼でネジを検品する。

大学二年の冬に二週間、金属部品を扱う会社で事務のアルバイトをした。大学の教授の紹介だった。

業務内容は、書類の発送、図面の整理、須藤さんの検品の手伝いだ。最初は図面を扱う作業が楽しみだったが、実際には彼と一対一で行う検品作業が楽しかった。

会話の中で彼の経歴が明らかになっていく。彼はまもなく八〇歳という。川崎重工業に三八年間技術者として勤務し、定年後も二〇年ちかく腕を生かした仕事をしている。

検品は彼にしか出来ない作業だ。傷ひとつ、目や手の感触、測定機器まで使って作業する。ネジ五〇本に四時間かけて作業するが、これは珍しいことだ。ネジの傷はサビの原因になる。

この会社が請け負うメッキは特注品が多く、ひとつずつ検品をしなければならない。ネジの利益率は五％とプラント部門の利益率三五％に比べて低い。それでも彼は丁寧に検品をする。

机の上でマスクをし、彼が検品した十センチメートルのネジを私が袋詰めする。「利益が低くても、粗悪品を売ると信頼がなくなる」と彼は話す。続けて、プラント部品の利益でネジの利益の少なさを補填していると話す。

勤務最終日も朝から二人で検品をした。蕎麦茶を飲みながら手を動かす。「経営者が大きい物を見る分、技術者は小さい物を見るんだ」。彼はネジを見つめて呟いた。

最近、神戸製鋼や日産など検査での手抜きが社会問題になっている。私はあのアルバイトでの「ネジ一本に手間をかけなきゃ」という言葉を思い出した。

Advice 日本の技術神話が大きく揺らいでいる。そのことを身近なアルバイトからうまく引っ張って書いている。ネタを探すときは、まず身の回りから。

テーマ **格差問題**

中国の格差問題

放送内定

「ここはめっちゃ快適」

　山中牧場で出会った張文珍さん、通称チンさんが、夕飯を食べながら流暢な日本語で語る。チンさんは、七年前に中国から日本にやってきた。当時、山中牧場では、生活に苦しむ人や居場所がない人に対して、特別の措置をしていた。作業を手伝うと、衣食住を保証する。彼は日本での生活に憧れを持ちつつも、行き場がなかった。そんな時にこの活動を知り、アルバイトをした。他にも、同じような事情を持つ外国人が代わる代わる働きに来ていた。多くの人が半年から二年ほどで辞めていくなか、チンさんは働き続けた。今年で八年になるという。

「みんな好き。ご飯も美味しい、牛可愛いし、自分の部屋もある」

　中国にいた頃は六人暮らしの貧しい生活で、プライベートな空間を持ったことは無かった。今は家族のように接してくれる牧場の人たちがいて、手作りのごはんが食べ放題だ。自分の部屋も持てる。その環境は、彼にとって天国のようなものだ。

「今はちょっと余裕できたから、家族に送ってる」

　故郷に残してきた両親と三才下の妹のことは常に気がかりだ。二年前からふた月に一回仕送りをしている。彼の熱心な働きが経営者の山中彰さんに認められ、三年前に正社員になったのだ。

　二〇二一年、中国の習近平国家主席により「貧困ゼロ」が宣言された。

　だが実際の中国は、都市部と地方で経済格差・所得格差が拡大し続けているのが現実だ。そのうえ大都市でも、日々の生活さえままならない人々が溢れている。チンさんの実家でも、経済状況は改善されていないという。世界最大の人口を抱える大国で、目先の数字だけを追い続けていては数億人規模の貧困層へのアプローチは難しい。そこに生きる人々を軽視してはいけない。

Advice
肉体労働のアルバイト先にはさまざまな人がいる。日本人の若者とはまったく違う環境の人とも出会えるが、その経験をうまく生かしている。

テーマ

情報化社会に思うこと

発想のヒント

◇この「情報社会について」のように、大きな問題がテーマになった場合は、まず視点を絞り込むこと。「情報化社会」全体について論じようとすると、漠然とした曖昧な内容になってしまう。

◇新聞（フリーペーパーを含む）、雑誌、テレビ、インターネットなどさまざまな情報媒体があるが、どこかに絞り込むといいだろう。

◇現代は「情報化社会」と言われ、世の中には情報が溢れているが、自分が入手している情報は意外と偏っている場合が多い。たまには、普段とっている以外の新聞を読んでみる、社会的に大きな出来事が起きたときには、複数の新聞（とくに社説）・雑誌を読み比べる、などしてみよう。またテレビや新聞で伝えられるニュースに対して、「自分はどう思うか？」などと考える癖をつけておくと、情報化社会の問題点が見えてくる。

注意ポイント

◇冒頭にインパクトのある言葉をもってくるといい。新聞の一面のコラム（朝日新聞だと「天声人語」）をよく読んでみよう。やはりインパクトのある言葉から始まっている。

◇しかし、問題はそれをどう後半に、とくに結論に集約させていくかだ。つまり、文章全体に反映させていくか、ということ。

ひとことアドバイス！

「情報の状況」はどのようにすれば知ることができるのだろうか。まずは身近なところにある新聞。情報関連の記事がない日はない、ともいえる。こまめにチェックしたい。

ビジネスマン向けの雑誌『日経ビジネス』『週刊ダイヤモンド』『週刊東洋経済』『週刊エコノミスト』なども参考になる。

放送内定

テーマ 情報化社会に思うこと

対話

インターネットを始めた頃、なんと便利なものだろうと驚嘆した。毎日のように様々なページを巡回していくうち、見るホームページの種類が限定されていくようになった。好きな音楽、作家についての掲示板にばかり書き込むようになった。知らず知らずのうちに、関心のない話題には目もとまらなくなっていたのだ。そのうち、自分と同じような意見や趣味を持つ人の書き込みしか読めなくなった自分に気づき、ハッとした。

ネット上で知り合った「自殺志願」の男女が、計画した死に場所で命を絶った。発見したのは、当初、計画に参加していた女子高校生だったという。この事件を知ったとき、私が真っ先に思い出したのは、私がはじめネットに対して感じた、あの違和感だ。

顔も知らない人たちが、「インターネットの利点」である匿名性を利用して自殺した。彼らには、一つの「目標」を目指す奇妙な連帯感があったのだろう。諌める相手や自殺を思いとどまらせる相手など、彼らには必要なかった。いつでもどこでも必要な情報を交換できるインターネットは、情報入手の利便性を一気に高めた。しかし、その結果、関心あるテーマの情報だけを閲覧し、同好の士たちがタコツボの中でオタク的対話を繰り広げるだけになる危険性をいつでもはらんでいる。

新聞の平均閲読時間が減少していると聞く。全く異なる立場の人間が、興味関心は薄くとも、見出し程度なら知っている、という状況からこそ対話は生まれる。新聞は、あらゆるテーマのニュースを掲載し、世論を問う立場にある。新聞が読まれなくなっている傾向は、ネット人口の増加、ネットオタクの増加と軌を一にしている。

死という一つの目標に対して「純粋」であった彼らに対して、インターネットはある意味で好都合だった。しかしある意味では無力な存在だった。対話のない社会に、真の豊かさは生まれ得ない。

Advice 論理展開が上手だ。インターネットと新聞・雑誌・テレビなどのマスメディアとの役割の違いを「ネット心中」の分析の中で見事に描いている。

テーマ　スマートフォン　学生寮の孤独

一緒の空間にいても、会話はない。すれ違った時の挨拶もなければ、互いの名前さえ知らない。これが、私が住む寮の日常だ。

大学進学のために上京して以来、私はこの寮に住んでいる。東京都にあり、九〇室ものの部屋と大浴場が備わっている。大学が運営している寮だ。家賃は三万八千円で、最寄りの駅までは徒歩一〇分という好立地である。「一生モノの友達ができます」という大学のパンフレットの表紙の言葉にもつられた。入居を決めた。

その日から三年が経とうとしている。私にはまだ「一生モノの友達」ができない。それどころか、寮生九〇人のうち二人しか顔と名前が一致しない。

トイレやシャワーなどは個室に備わっているが、キッチンや洗濯機、大浴場は共有している。そこで他の寮生と顔を合わせているのだが、皆スマートフォンをいじって話をしようとはしない。エレベーターの中でさえだ。

「今日、私とあなた、友達」

隣の部屋に住むホアに突然声をかけられた。彼女はベトナムから来た留学生で、八月から来日しているらしい。一ヶ月、寮で過ごしていたが、友達ができないため私に声をかけたという。

その日から私とホアは「ご近所付き合い」を始めた。一人で食べるには多すぎる袋入りの野菜を分け合ったり、料理のお裾分けをしたりした。彼女の作る鶏のスープは絶品だった。

「ご近所付き合い」を始めて3ヶ月後、通帳を見ていた私はある事に気がついた。食費が浮いていたのだ。新しい味も知ることができる上、効率的な食生活だと思った。

昨年の九月、ホアはベトナムに帰国した。私はまたスマートフォンで壁を作る寮生との生活に戻った。ご近所付き合いをしたいという思いとは裏腹に、その壁に話しかけるのは難しい。

Advice　かつて学生寮はプライバシーのない家族のような関係性ができる所というイメージがあった。現在とのギャップを思い知らされる点が良い。

新聞 内定

テーマ ダイバーシティ　差別

「在日韓国人　バクテリアのようだ。悪性外来寄生生物」。六〇代の日本人男性が在日コリアンの高校生をこうブログ上で中傷した。そのニュースを見た。ヘイトスピーチ解消法が制定されたが、それでも異なる他者との間にひかれる境界線はなくならない。

私は、去年の九月に一か月間長野県のレタス会社で農業体験をした。そこにはベトナム人八人が働き、そのうちの一人、ヒエンさんと仲良くなった。彼女は「ここでは差別はないが、東北で働いている友人が『まともな日本語を話せ』などと言われ差別されている」と言う。幸い私の体験先には、実習生に差別的な発言をするような人はいなかったが、彼女の発言を聞き、外国人が完全に受け入れられていない社会があることを痛感した。

国は二〇二五年までに五〇万人超えの外国人労働者の受け入れを目指すと発表した。多くの日本人が外国人に対して根強い差別があるのにも関わらず、外国人を大量に受け入れる。私はそのことには反対だ。差別はなくせなくても、減らすことはできると考える。

私はアメリカに一〇年間暮らしていた。小学校で「ダイバーシティ教育」を受けた。自分と異なる国籍や文化をもった学生について知る教育だ。その一環として、年に数回「インターナショナル・デイ」というイベントが行われた。私は浴衣を着て同級生に折り紙や習字を教えた。ユダヤの友人は、ユダヤ教の祝日である「ハヌカ」の際に食べるご飯や遊びを紹介していた。そのような教育を施すことで、異なる背景をもった人に対する抵抗感を和らげることができると思う。

異なる背景をもった相手を排除する動きは日本に限ったことではない。欧州のポピュリスト政党や米国で活発になっている白人至上主義もその例だ。

日本、そして世界が間違った方向に向かい始めている。正しい方向に導くための取り組みが今、求められる。

Advice　移民の国アメリカとやっと外国人を受け入れ始めた日本、その差がよく分かる作文だ。アメリカでの自分自身の体験を出しているので説得力がある。

金融内定

テーマ **災害**

断

1月のある夜、突然、実家の母から電話が来た。「水を送ってほしい」と頼まれた。不思議に思い事情を聞くと、猛烈な寒波により家の水道管が破裂して断水状態なのだという。断水状態なのは我が家だけではないらしい。私の故郷である東北を記録的な寒波が襲った。

そのため町の約半世帯以上にあたる1万世帯が断水した。断水の影響で調理ができず、母は食料の確保に困っていた。近くのスーパーに水や総菜、パンはすでにないそうだ。何台もの自販機を巡り、ようやく500ミリリットルの水を2本確保した。電話越しに伝わる母の様子から、かなり混乱した状況が伝わった。

落ち着くと私はふと祖父母のことが心配になった。祖父母の家は築50年を超えている。さらにひと際田舎である地区にその家はある。電話をしようとスマホを確認すると22時を過ぎていた。電話には祖母が出た。何をしているのか尋ねると「テレビを見とったところさ。赤報隊っていう懐かしい事件の特集やっとるぞ」と答えた。

祖母の声の他に、町の防災無線の音が同時に聞こえてきた。町内の高齢世帯のほとんどには防災無線が設置されている。無線は慌ただしく、町内の給水スポットの場所を伝えているようだった。それにも関わらず、祖母は孫から珍しく電話がきたことがうれしいのかずっと喋りっぱなしであった。断水の影響や被害はないのかと尋ねると、「断水もなにも、生活水はほとんど井戸から引いているし、トイレもぼっとん便所だから普通に使えるんだわ」とのんきに応えた。何の影響もなく普段通りの週末を過ごしているらしい。明日からは近所に井戸水を配りに行くそうだ。

母の様子と比べると、祖母の平然とした様子はかなり際立つ。人は文明の利器に依存しがちだ。だが今回の一連の騒動から、災害時には、文明に頼らないアナログな生活が一番頼りになるのかもしれないと学んだ。

Advice 電話の祖母は父方か母方かを書いたほうがいい。祖父母の家の描写が上手い。この作文が示すように、作文のネタは案外身近なところにある。

テーマ　戦後 70 年

新聞内定

70 年

「ほんとに、なんにもなかった……」。父方の祖母、キヌは空襲直後の山下町の写真を見つめながら、ポツリと言った。

　先日、祖母と横浜都市発展記念館の「戦後七〇年、時計屋さんの昭和日記」に行った。横浜の時計屋で働いた一人の青年の日記をもとに、戦中戦後の横浜の暮らしが展示された。今回、はじめて空襲直後に神奈川県警の警察官によって撮影された写真も公開された。私は祖母が生き抜いた時代を知りたいと思い、足を運んだ。

　彼女は、昭和一四年、横浜で生まれた。太平洋戦争が始まる二年半前のことである。祖母の家は、蕎麦屋だった。せいろを高く積んで、自転車で出前をしたのが有名だったそうだ。

　しかし、昭和二〇年五月末の横浜大空襲で家も店も焼失し、戦災で多くを失った。当時、祖母は六才だった。季節は夏に近い中であったが、外套《がいとう》を着て、防空頭巾を被り、防空壕に逃げた。当時、身につけていたものだけが、戦災で唯一残った品物である。

　空襲が治まり、防空壕から出たときには、電車が燃え、周囲一体は焦土と化していたという。まさに、警察官の写真に残された世界そのものである。祖母はその写真を見て、「おびただしい焼死体をまたぐように歩き、その顔を確かめながら、行方知れずになった兄を探した」と話し始めた。無事、翌日に再会できたというが、あまりに悲惨な光景や臭いは決して忘れることができないという。

　祖母は、一枚の写真をきっかけに、これまであまり語りたがらなかった戦争の体験を話してくれた。戦争を直接知らない私にとっては、彼女の見た光景を目の前にし、胸が詰まる思いになった。今回、展示を祖母と見て、記録を振り返ることの大切さに気がついた。戦争体験者の人口は、時と共に減っている。風化させないためにも、経験者の声や記憶を形に残し、後世に伝えていきたいと感じた。

Advice　皆さんに祖父母がいて、戦争体験をしていれば、取材をしてこのような話が聞ければ書くとよいだろう。

テーマ

国際化

発想のヒント

◇国際化というと、日本人はこうあるべきだ、こうするのがいいといった、提言のようなことを書いてしまいがちだ。しかし、こういうグローバルなテーマのときも、やはり自分の体験を結び付けるのがいちばんわかりやすい。それは筆者が体験していることで、頭の中でただ考えたものではないから、説得力がある。

◇体験を書くといってもいろいろだ。どのテーマを選ぶのかが重要になる。「日本人は海外でブランドものばかりを買い漁る」「団体で行動する」というような語り尽くされたテーマでは誰も読まない。「またか」と思われるだけだ。

したがって作文で国際化を書くときは「独自ネタ」であるかどうかを注意をすること。自分の体験で、しかもあまり言われていないオリジナリティーをもつネタを探すこと。

注意ポイント

◇ただ「諸外国は日本と違う」と書かないように。日本のサービスや品物が悪いという評価だけでもつまらない。

したがって、この実例文とは違うが日本が良くて外国が悪い例をあげるのもいいだろう。とにかくオリジナリティーがあるネタを具体的に書くこと。でなければつまらない作文になってしまう。

使える！応用テーマ例

「国際化」「国際化社会」「インターナショナルとは」「世界」といったテーマで出されることが多い。

ビジネス系なら、「国際人」「国際特許」「国際紛争」などが予想される。いま流行の「グローバル・スタンダード（世界標準）」などの、最新のテーマも考えられる。

自動車内定

テーマ 国際化

メルボルン動物園にて

オーストラリアのメルボルンは、是非もう一度行ってみたい。古い町並みが保存され、治安もいい。友人とふたりでオーストラリアに旅行したとき、丸一日ガイドブックを片手に歩き回った。一日でトラム（路面電車）の路線図も覚えてしまったほどだ。

朝の市場に出かけた後、私たちはビクトリア州の動物園に行った。入園料は五ドル（約五百円）。「オーストラリアのことだから」と友人と予想していた通り、中はとてつもない広さだ。あらかじめ見たい動物を決めておかなければ、一日かけても回りきれない。

私が何より驚いたのは、動物に対する「扱い」だ。日本の動物園が六畳一間のアパートだとすれば、こちらはさしずめ庭付きプール付きの邸宅だった。広々とした彼らの「個室」には鉄格子はなく、低い柵がもうけられている。地面も自然のまま、草木も生えている。コンクリートの箱の中で暮らしている日本の動物が可哀相になってくる。

唯一の難点もある。あちらこちらに生育している草木に隠れてしまい、一見どこに動物がいるのかわからない。

だがそれも、私がコンクリートの狭い個室が並ぶ日本式動物園に慣れてしまっているせいなのだろう。オーストラリアの動物園は、明らかに自然の姿に近い。日本の動物園の、狭いオリの中をうろつくトラを見て、日本の子供たちは一体何を学べるというのだろう。

数年前、四国の高松の動物園が国際的に非難されたことがあった。施設が貧困で動物を結果的に虐待しているというのである。

NHKが追跡取材していたが、日本で当たり前のことでも外国人が見ると虐待になる。日本が動物園に関するかぎり国際化していないのか、それとも動物に対する「見方」の違いなのか。

そこはよくわからないが、国際化を目指すのなら、まだまだ日本は外国と違うモノサシを持っているという自覚が必要のようだ。

新聞内定

テーマ　ボランティア（１）　雪

ＪＲ上越線の越後川口駅で電車を降りた。晴天にもかかわらず、空気は冷たい。駅で道を尋ねると、地図をもらえた。私は川口ボランティアセンターに向かう。

川口町は、二年前の中越地震で四名の犠牲者が出ている。小千谷の隣町で、被害は大きかった。

雪は高い所では二階屋根まで達していた。屋根で雪かきをしているらしく、大きな雪の塊が落ちてきて私は驚いた。

ボランティアセンターから民家に派遣された。その民家には二階まで達する雪の山が、玄関と車庫の前を除いて八方ふさがりとなっていた。

私は、スコップとスノーダンプを持って山をよじ登った。スノーダンプとは、ソリのような本体に取っ手が付いているものだ。大量の雪を一度に運ぶことができる。

私達が裏へ回ると、きぬさんという老人が先に作業をしていた。彼女はわらみのを被って、スノーダンプを使っていた。

作業は、雪を家の脇の池に落とすことだった。「落ちないようにね」と、きぬさんが注意を促す。落ちはしなかったがビトビトとなった。体の熱で雪は水となり、服に染み込んだ。手袋もびしょ濡れだ。手がかじかむ。作業は続いた。スコップで雪をすくい、後ろに持っていく。

突然、雪を落としたときとは違う音がした。他のボランティアのひとりが、足を滑らせて池に落ちたのだ。みんなで助け出す。早く助けないと溺れるより先に、心臓発作で死ぬという。

ハプニングはあったが無事作業は終わった。たった三時間しかたっていなかった。最後に、雪はダンプで運ばれていった。腰が疲れた。それでも、家の後面と前面で、一・五メートル程しか雪山は低くならなかった。一〇〇年に一度の地震と二年連続の豪雪という、自然の恐ろしさとすごさを実感した。

Advice　作業の中身が具体的だ。このように作文は固有名詞と数字を入れるだけで説得力が増す。またボランティアネタは自己ＰＲにもなる。

銀行内定

テーマ ボランティア（2） アルバイトとボランティア

「お金のもらえるアルバイトもいいけど、ボランティアもすべき」

東日本大震災のあと、大学の寮の部室の日記帳に書かれていた先輩の文章だ。

私は大学一年の四月から二年の六月まで、仙台の塾で講師のアルバイトをしていた。仕事内容は幼稚園児から中学生までの児童、生徒に勉強を教えるというものだった。他の塾と違うのは、違世代の子どもたちが、同じ教室で学ぶという点だ。「勉強なんかいやだ」と駄々をこねる子どもも多い。子ども同士がけんかすることもよくある。保育所的な側面もあり、親が迎えに来るまで一緒に遊ぶこともある。兄弟や親せきの多い私にとって、子どもの多い職場は楽しかった。

震災の二日前から一週間、私はたまたま、休みをもらった。末の弟の卒業式に家族全員で出席することになったからだ。それが終わったらすぐにアルバイトに戻るつもりでいた。しかし三月一一日、実家の白川から仙台への交通手段は途切れ、戻れなくなってしまった。

震災後すぐに塾長にメールを送ったが返事はなかった。一週間後、「生徒たちは元気で、教室も昨日から再開しました。西郷さんも手伝いに来てください」というメッセージが届いた。ホッとしたと同時にもう教室が始まったのかという驚きもあった。先生によると、生徒の親たちが日中子どもを預かってほしかったかららしい。私が戻ったのは四月一七日だったが、スタッフ不足が続いていたこともあり、四月中はほぼ毎日通った。「帰ってきてくれてとてもありがたい」と塾長に言われた。

そんなときに、冒頭の文章を読んだ。はじめはまるで、アルバイトしかしていない自分がお金にこだわる人のように思えて嫌だった。しかしよく考えると、自分はアルバイトを通して被災した子どもたちの役に立っている。無償のボランティアも有償のアルバイトも、その行為を通して被災した人のために役に立つなら、お金にこだわることはないと思った。

Advice 社会に役立つことをし、その報酬を受け取る。これは仕事の基本だ。書き手は自分の体験を通してこの基本に気づき、これをうまくまとめている。

テーマ　いまの社会に思うこと

目

その長方形のキャンバスに描かれた一人の男性、どうやら二〇代のようである。黒髪で短髪、頬はこけて、緑色の軍服を着ている。その油絵のタイトルは「自画像」だ。ギョロリとくぼんだ目は、こっちを見ているかのようで身震いがした。

長野県上田市、小高い山の中腹にそこはある。「無言館」。若くして太平洋戦争の犠牲となった画学生の作品を集めた美術館である。

大学二年生の秋、私は休日を利用してここを訪れた。ＪＲ東京駅から長野新幹線に乗り、約二時間で上田駅に向かう。私は別所温泉に泊まることにして、さらにそこから私鉄の別所温泉行きの上田電鉄に乗った。途中の塩田町駅から田圃や畑のなかを延々と三〇分歩く。

その建物は畑のなかにポツンとあった。無機質なコンクリートに囲まれた建物だった。重い扉を開けると、あたり一面に冷たい空気が漂う。静かで小さな美術館だった。

絵の展示だけでなく、無言館には様々なものが置かれていた。戦地から送られた絵はがきや、手紙。当時画学生が使用していた絵の具も所狭しと並べられていた。

ゆっくりと展示を眺め歩いていた私の足は、ある一枚の絵の前で止まった。「自画像」と書かれたその絵には、何とも言えないような眼光があった。

「辛かっただろうね」とつぶやく声が聞こえた。団体客として来ていた一人のおばあさんだった。七〇代か八〇代くらいのように見えた。「そうですね」と私が答えると、おばあさんは遠くを見るように、少し笑った。

無言館からの帰り道、私は何度もあの絵を思い出していた。画家の夢を抱えたまま、「お国のため」と戦地へ赴かなければならなかった作者を思った。今を平和に生きる私たちを、あの絵の人物はどう見ているのであろうか。約三〇〇点あまりの遺品や遺作が未だ倉庫に眠っているのだという。「忘れるな」。あの日にそう言われている気がした。

Advice　「戦争もの」のネタの評価は高い。最近は明治以降の近現代史を知っている学生が少ない。戦争の悲惨さを知って欲しいと採用側は考えている。

放送内定

テーマ いまの社会に欠けていること　偏見

リュックサックを空ける手を振り払った。ここはインド、ニューデリー駅にある陸橋だ。半袖でも汗ばむ熱気の中、たくさんの人が行き交う。ふと後ろに気配を感じ振り返ると、若い男が私のリュックサックを開けようとしている。その手を振り払い、「何をしているんだ」と問い詰めると、男は「何でもない」と言って足早に去った。あえて追うことはせず、半分ほど開けられたリュックのジッパーを閉めた。何も盗られなかったが、スリなんて悪いことを考える奴もいるものだと思った。この時の私には、「スリ＝悪いこと」という視点しかなかった。

数日後、タクシーに乗った。運転手は40代くらいの気さくな男だ。インド英語と日本英語、お互い聞き取りに四苦八苦しながらいろいろな話をした。運転手は、ニューデリーの治安は他の地域と比べてみても特によくないという。観光客が多いため、スリや詐欺師が集まってくるそうだ。しかし、運転手によればば彼らの多くはもう一つの側面を持つという。貧しいのだ。もちろん、貧困が犯罪を正当化するものだとは思わない。それでも、頭ごなしに否定することもできないと感じた。

自分の立場から物事を見ると、大抵の場合一つの側面しか見えない。インドでの私も視点が一つしかなかったのだ。しかし、人に話を聞くことで新たな視点に出合うことができる。たとえ犯罪でも加害者の視点に立つことは大切ではないか。特に加害者家族の視点が今の日本社会には欠如しているのではないか。

先日、オウム真理教・麻原彰晃の三女、松本麗香さんのお話を聞く機会があった。そこには普通の女性がいた。17歳で教団と関係を断ったが、その後も何校もの大学から入学を拒否された。彼女は「自分より立場が強い父の暴走を止められなかったことは罪ですか?」と問いかける。頭ごなしに否定せず、当事者の視点からも考えてみる。そうすれば日本はもっと生きやすくなるのではないだろうか。

Advice　体験から得た気づきから問題提議への流れがスムーズに書かれていて、論理展開が上手い。作文の内容は行動力のアピールにもなっている。

テーマ

環境について

発想のヒント

◇環境問題は、日本だけに限らず国際的に注目されているテーマだ。それだけに出題される頻度は高い。

◇環境問題も、その言葉どおり大きくとらえると、漠然とした内容の作文（小論文）になってしまう。それを避けるためには、焦点を絞り、その分野について自分の意見をもっておこう。

　焦点を絞るために、まずは以下の角度から環境問題を見てみよう。

・地球と環境問題（環境破壊による影響は、地球レベルでどれくらい出ているのか、国際的な取り組みについてなど）

・生活と環境問題（身近なところで起きている環境に関すること。ゴミ、リサイクルなど）

・企業と環境問題（経済成長と環境保全は両立できるのか、企業の環境対策と責任など）

・行政と環境問題（日本の行政の対策について、環境省の取り組みについてなど）

注意ポイント

◇このテーマの場合、志望する会社によって若干書き方が異なる。

　教育関係や出版関係などでは、環境保護を全面に打ち出してもいい。だがそれ以外の業界では、「経済成長を確保しつつ、環境保全をしていくにはどうしたらいいか」という視点が不可欠だ。というのは、基本的に企業の活動は、直接または間接的に「環境を汚染する」ものだからだ。

使える！応用テーマ例

　テーマの焦点を絞り込むには、環境に関する時事問題に注目する方法がある。たとえば「ＰＭ2.5」や「オゾンホールの拡大」などだ。

　ただし時事問題を扱う場合、新聞やテレビなどで評論家が述べる意見と同じ内容になりがち。要注意だ。

テーマ 環境について　私の故郷

私の故郷は福島県の最南部に位置する○○市というところだ。海や山に面した自然豊かなところで、人口は五万人ほどだ。そこに私は大学に入学するまでの十八年間住んでいた。東京という街に憧れていた私は、故郷には一年に二回ほどしか帰らないようになった。そして大学二年の六月、地元の友達の結婚式のため里帰りをした。

高校生の時毎日通学した△△駅から家までの道を四〇分ほどかけて歩いてみた。いつもと変わらぬ田んぼだらけの真っ暗な農道だった。するとその田んぼのあぜ道に、何か点滅するものを見つけた。ホタルだった。

幼稚園のときまではよく見かけたものだが、それ以来ホタルを見た記憶がない。私は家族を呼び出し、皆でその美しさに浸った。

一年後の六月、もう一度同じ田んぼに行ってみた。すると去年よりさらにホタルが増えていた。地元の友人に聞いてみると、ここ最近蛍が増えつづけているとのことだ。

疑問に思った私は、その田んぼの持ち主のおじさんに尋ねてみた。すると「それは農薬を変えたからだよ」と教えて頂いた。つまり田んぼにまく農薬を毒性の低いものに変えてからホタルの数が増えてきたのだ。

「昔にはまだまだ及ばないけど、これからはもっと増えていくだろう」とおじさんは言った。

東京に帰って大学の友人たちにこのことを話すと、驚いたことにほとんど全員が生まれて一度もホタルを見たことがないと言う。そして私は友人たちを地元に連れて行きホタルを見せた。皆とても感激していた。

今日温暖化現象やオゾンホール問題など、地球規模の環境問題が叫ばれている。だがまずは自分の故郷の自然ともう一度触れ合ってみるべきではないか。そこには個人レベルで解決できる環境問題があるはずである。そして故郷を愛することで、地球を愛する心も生まれてくるだろう。

Advice　ホタルなど、動植物や昆虫はカタカナで書くのが基本だ。故郷の話から環境問題にひっぱっていっているのが評価できる。

金融内定

テーマ 環境問題（1）　笑い

私の生まれ育った長野県の中信地方は、私が小学校の時は、一晩で何十センチと雪が降った。必死で雪かきをする父や祖父や近所の大人たちを横目に、子供たちは仲間で雪だるまや雪合戦をして遊んだ。とくに雪がたくさん降った時は「かまくら」を作った。かまくらの中は意外と寒くなく、なぜか、その中でコンビニで買ってきたアイスクリームを食べることもあった。雪が降ると登下校に時間がかかった。普段なら二十分歩けばつく道のりが一時間近くかかった。理由は簡単だ。そこら中に出没する「笑顔」を探していたのだ。

近くの通学路にある吉田商店、公民館の階段下、小さな町工場の前など、あちこちで寄り道をする。そこには、子供たちが雪に顔をうずめて残した印があった。手型ならぬ顔型である。これも雪合戦やかまくらと並ぶ「遊び」のひとつだった。とくに新雪の降った翌日はみんなでやった。どの顔もこれ以上ない程に笑っていた。私もその笑顔の常連だった。

雪に残った顔に一工夫加えるのも、その人の個性が出る。顔を線で囲ったり、雪の玉を置くなどする。自分の顔にいたずらをされていると、無性に嬉しくなった。誰かが自分の顔を探し出してくれたということだからだ。「誰かに見て欲しい」。普段は、そんな事を意識して生きてはいないが、やはり誰かとつながりがあるというのは嬉しいのだ。いつ頃から始まった「遊び」なのかわからない。しかし私が小学生だった頃、みんながやっていて、私は雪が誰かとつなげてくれているような気がしていた。

今年の冬、帰省した。しかし雪がない。祖父母の話によると、時々ぱらぱらと降るが、すぐに溶けてしまうそうだ。そういえば中学、高校の時は雪で遊ばなかったので、記憶が曖昧だ。しかし久しぶりに帰省すると「雪の少なさ」に改めて気がつく。もう地元の子供たちは「雪のなかの笑い顔」を作れないし、見ることもできないのかもしれない。

Advice　子供時代のネタは「タブー」だが、この作文のように現在の「自分」と結びつけられるネタならよい。地方独特の「遊び」は自己PRになる。

テーマ　環境問題（2）

空

「今夜も駄目だっぺやぁ」。一二月の港を北風が舞う。ため息と寒風が混じる。

　千葉県の九十九里町に、片貝という小さな漁港がある。毎年一二月一日になると、港の船付場に、光が並ぶ。シラスウナギの解禁日なのだ。そこで光に集まるシラスウナギをすくう。一尾四十円で売れる。けっこう、儲かるのだ。

　光の列から離れて、港の奥に一つだけ光が浮かんでいた。そこには、七十歳くらいの男性が座っていた。ラジオを聴きながら、光の当たる水面を見入っていた。体は着膨れて丸い。帽子を目深にかぶっている。

「珍しく若いのが来たなぁ」。帽子をあげて、笑顔になった。

　漁協の許可証を持っている渡辺さんは毎年シラスウナギを狙っている。翌春までの許可期間は、ほぼ毎日港に通う。「日暮れから出勤だ」。

　渡辺さんの家は港の近くにある。しかし、発電機とライトが重いため、軽トラで来る。「農作業用のトラックだっぺよ」。昼は米作りで、夜はシラスウナギを獲っている。

「今年は駄目だぁ」。去年の夏は台風が多かった。海の表層を泳ぐシラスウナギは、激しい風雨で流されてしまうという。「孫への小遣いが減っちまうなぁ」と煙草に火をつけながらつぶやく。幼稚園に通うひとり孫が、いつも玄関で送ってくれるという。

　三時間経っても、渡辺さんの網は動かない。「一匹もこん」。一晩で二百匹近く獲れた一昨年からは想像できない。ようやく、楊子大のシラスウナギを見られたのは、通い始めて三日後のことであった。

　渡辺さんは、顔をほころばせて、煙草の煙を頭上にはいた。そこには、すっかり暮れた空があった。星も出ていない。台風が多いのは、異常気象の一種だろう。地球の変異が孫の小遣いの減少となる。環境はもはや時間との戦いとなっているのかもしれない。

Advice

自分しか書けない身近なネタを上手に、環境問題へともっていっている。しかも「孫の小遣いが減る」という表現はわかりやすく説得力がある。

テーマ 高齢化について

発想のヒント

◇日本はいま、ほかに例を見ない早さで高齢化が進んでいる。高齢化によって発生する問題も多い。それだけに、採用試験でも多く出題されるテーマだ。

◇このテーマの場合にも、「高齢化社会」と漠然ととらえるのではなく、焦点を絞り込むのがコツ。自分の意見をもてる得意分野をつくっておこう。

たとえば、以下のような角度から見ることができる。

◇老人福祉（医療）について
◇高齢者の雇用について
◇高齢者の生きがいについて
◇高齢化の影響によって発生する、公的年金・個人年金の問題について、など

◇現状を淡々と述べることに終始しないように注意。大事なのは自分の意見だ。

それを入れ込むには、以下のような組み立ても考えられる。

1. 現状を分析（高齢者介護の施設でアルバイトをした。人手が足りないのが現状だ）
2. 現状に対する問題提起（自治体のやり方はいまのままでいいのだろうか）
3. 現状の問題点（1とは違う方角からの視点で、アルバイトの希望者が少ないというわけではなく、自治体の予算がないという現実もある）
4. 提起した問題に対して賛成か反対かの意見と対応策（このままのやり方では、高齢化社会に対応できない。介護の問題を中学・高校の教育に取り込むことによって、人手不足は解消されないだろうか）

使える！応用テーマ例

高齢者へのボランティアの経験は、「私の生きがい」「出会い」「心に残った思い出」「私たちの世代」「21 世紀と私」などに応用できる。とくに医療や福祉関係の業界では、ダイレクトに「老人医療について」「老人福祉の問題点」などのテーマで出される可能性もある。

出版内定

テーマ 高齢化について

デザイン

「こんにちは」と声を掛け、4人目でやっと返事が返ってきた。「僕はね、陸軍でね、勲章をもらったんだ」。94歳、認知症の男性だ。「どんな勲章なんですか」と訊くと、少し間を置いて、「僕はね、陸軍で、勲章をもらったんだ」。

中学二年生の夏、世田谷の介護施設「サンパーク瀬田」で、2週間の就業体験をした。広いウッドデッキのある開放的な施設で、約50人が入居する。介護職員は20人ほどだ。「お話してあげてください」。資格を持たない私の仕事は、入居者とお喋りをすることだった。認知症の男性、耳の聞こえない男性、ふさぎ込む女性。「こんにちは」と声を掛けてみるものの、会話は成立しない。

困り果て、周りを見渡してみて気がついた。介護士は誰も会話をしていない。食事を入居者の口に運ぶ女性も、車椅子を押す男性も、黙々と手を動かすだけだった。「介護って、こういうものなのだろうか」。異様な静けさだったのをいまでも思い出す。

介護職の離職の多さに、報道はサイレンを鳴らす。一昨年の暮れには苦悩の声をじかに聞いた。「人間扱いされなくて、報われない」。4年前に障害者の介護の仕事を辞めた友人、森本ゆかりさんの言葉だ。献身的に介護しても入所者から何度も罵声を浴びせられた。

一方で、介護の魅力を伝えてくれる人もいる。私の幼なじみは、心理・作業療法士として訪問介護の資格の取得を目指す。

大学病院で統合失調症や認知症患者、体に障害を持つ人々と向き合う。「塗り絵で調子よくなる人もいるし、リハビリで要介護レベルが下がる人もいるんだよ」。少しずつ脳や体の機能が衰えていく人のできることを見つけ、それを磨いていく作業だ。介護の違う側面に、はっとさせられた。「世話をする」ではなく、「一緒に模索し、デザインする」。そんな言葉の似合う介護であって欲しいと思うのは、綺麗事だろうか。

Advice この作文のネタは悪くないが、中学生時代の体験は古い。できれば再度介護施設にボランティアなどに行き、更新した情報で書いたほうがよい。

放送内定

テーマ 農業　農免道路

信号がひとつもないその道路は、周りを山に囲まれて真っすぐに伸びている。片側一車線だが、朝夕以外は車の通行量もすくない。高校時代、自動車免許を取り立ての私にとって練習するにはもってこいの道だった。

私の故郷は九州の宮崎の田舎である。その田舎で何キロも続くその道路は、農免道路と呼ばれる。農林水産省が、農業の輸送を楽にする目的で予算を出し、作ったものだ。山々を切り崩し、きれいに舗装されたその道路は宮崎市内に行くのにとても近く走りやすい。

しかし、本来の目的である農業用道路としての役割は十分果たせているとは言えない。農作物を積んだトラックなどが走っているのは見たことがない。「農免、農免ち言うけど、おかしい名前やわな」と、田舎で農業を営む両親は口を揃える。

道路だけ整備しても農業支援にはつながらないのが現実だ。天候に左右され一生懸命育ててきた苗が全滅してしまうこともある。一度台風が来れば、その時期の収益はほとんどない。また農業を営む人々の中には高齢者もいる。そのため、重たい農作物を持ち運べず市場まで持っていけない人も多い。家の隣の斉藤さん（八二）もその一人だ。ダイコンを毎年植えている。しかしダイコンは大きく、ホウレンソウなど葉物と違って重さがある。何十本、何百本と収穫すると、高齢者にはかなりな負担になる。そのため年々作るのが難しくなっているという。今は父が一緒に農協や直売の市場へと持っていっている。

国は農業の活性化を目指すのなら、このような農業の根本的問題に目を向ける必要がある。道路だけを用意すれば解決する程、問題は簡単ではない。私は農免道路は全国各地にあるという。農免道路ではなく、農業に本当に役立つ政策を早急に実施して欲しい。たとえば、隣の斉藤さんのように後継者がいない農家には、若い人でも後継者になれるための制度や予算をしっかりと作って欲しい。

Advice 作文で高得点が取れる書き方のひとつが、「イメージが湧くような表現」だ。この作文の冒頭はまさにそれだ。読み手が引き込まれる表現だ。

テーマ ヘイトスピーチ

ヘイトスピーチの二〇世紀

「日本人を殺せ。日本人は世界一の極悪民族だ。世界の平和を守るため日本人はこらしめるべきだ」

「毎年八月一五日になるとソウルにある日本大使館、領事館はデモ隊で埋めつくされるよ」と父は嘆いた。日本の終戦記念日は、韓国では光復節といって独立記念日らしい。

私の父が会社の異動でソウル支店勤務になって三年、私は母、妹の三人で旅行がてら父に会いに行った。その時、ヘイトスピーチというデモに遭遇した。父によると、罵詈雑言はこの日が近付くにつれ多くなるらしい。韓国人のスタッフは「日本と同じです、ネットで騒いでいるだけ、デモもごく一部です。普通の人は生活に追われているのでそんな暇はないです。安心してください」と父ら日本人社員に話すらしい。

帰国すると、日本人の「在特会」というグループが、京都の朝鮮系の高校にヘイトスピーチのデモをしていた。その後、彼らは高校から訴えられて敗訴した。判決は「ヘイトスピーチは明らかに個人や相手への尊重、人権を無視している人種差別」という。

私は関心を持って調べた。二〇世紀はヘイトスピーチの盛んな時代だった。第一次大戦は汎スラヴ主義と汎ゲルマン主義の衝突が原因だ。第二次大戦もナチス・ヒトラーや日本軍部が国民を煽った。ユーゴスラヴィア内戦も民族浄化、他民族への排他主義が引き起こした。同じことを繰り返してはいけない。

二一世紀の国際化された世界ではヘイトスピーチは排他的な国粋主義を生むだけだ。単一民族の国家は少ない。そして単一民族の社会は有り得ない。それが二一世紀の社会だ。

昨今、日本、中国、韓国ではナショナリズムが高まっている。それに伴うヘイトスピーチの発生も多い。

日本では警察や政府がスピーチや運動を抑制する態度を見せ始めた。私はそれに賛成だ。具体的な法律も制定すべきだろう。

Advice 論文は、ただ意見を述べるだけでは新聞の社説と同じになってしまう。この論文のように、自分の体験から理論を展開するのがよい。

公務員内定

テーマ プロフェッショナル　就活の裏技

先日、労働組合全国組織連合の前副局長の今野衛さんから就職についての注意点を大学で聞いた。コロナ禍で企業が巧妙な手段で社員を「解雇」しているという。その中で意外にお体育会系のタイプの人が対象になりやすいという。上司の命令を素直に聞いてしまうそうだ。

ハラスメントや労働時間、退職に関する相談はここ十年で倍増しているらしい。今野さんは「民事としての立件が増えても行政機関は介入ができない。故に問題が長引いてしまうのが現状だ」と話す。

ある会社では、リストラ対象者になると「追い出し部屋」という窓もない一人だけの部屋に移され、何も仕事を与えられない。期限は自分から辞めますと言うまでだ。

別の例では「自分の出向先を見つける」という業務内容を与えられた。それに従わないと子会社で草刈りや便所掃除をさせられる。企業が巧妙な手段で退社を促している。

体育会系以外では気持ちの弱いタイプの人が狙われやすい。上司が伝えやすいからだ。

既存の労働組合には問題解決能力がないということに驚いた。名目だけの組合は頼りにならない。結局、今野さんが尽力している「連合」などに助けを求めるのが良いと学んだ。さらに弁護士に助けを求める場合も、必ず労働問題専門の人を選ぶのがコツだと言う。今野さんも相談があると労働組合とは別に一人ないし二人以上で別の組合を作る。組合として企業の担当者と交渉する。決裂して裁判（審判）になると、専門の弁護士を雇う。一〇〇％新しい組合が勝つという。

コロナ禍で業績が悪化しても多くの大企業は膨大な内部留保がある。令和元年度は四七五兆円にもなる。勝手な解雇は違法だ。

就職活動では企業の内部留保も会社四季報の利益剰余金を見る、入社後は今野さんや相談できるプロフェッショナルを知ることが裏技だと思った。

Advice　コロナ禍で多くの業種で人員削減が行われ、また悪質な解雇も多発。それがリアルに伝わり、就活生に必要な労働問題の知識もわかって良い。

テーマ 選挙　三年待ち

公務員内定

電話越しのその言葉に私は愕然とした。

私は小さい頃からとにかく落ち着きがなかった。授業中ずっと座っているのが苦痛で、よく無断で走り回っていた。中学進学後もそれは変わらなかった。そんな私は友達もできず、先生からも問題児扱いされた。自分でもそんな状況を変えたいと思い、努力をしたが空回りするばかりだった。

「発達障害かもしれない」

中学一年生のとき、私の様子をずっとそばで見てきた母は突然こう言って、病院で診察を受けるようすすめた。

そこからが大変だった。母が地元福岡の専門の病院に問い合わせたところ、三年一ヶ月先まで予約が埋まっていたのだ。私はショックで立ちつくした。

だが母は諦めず、「東京なら予約がとれるかも」と、東京の専門の病院に問い合わせてくれた。その結果二週間後に予約が取れた。

投薬などの治療を受け、私の生活は一八〇度変わった。ビリから二番目だった成績は学年五位まで上がった。さらに所属したバスケットボール部では、副キャプテンを任された。それまでの私からは考えられないものだった。

治療を経て自分の変化を感じると同時に、私はこの国の医療格差における現実に愕然とした。だからこそ、もし私が代議士になったら、医療格差を是正するための策を講じたい。

医療が十分に行き届いていない地域に住む人を対象に、首都圏で治療を受ける際の交通費を補助するなどの措置だ。

治療というきっかけを経て、私は変わることができた。だからこそ、住んでいる地域や生まれた場所によって治療を断念せざるを得ないような状況はあってはならない、と強く思う。

私が政治家だったら医療格差を撤廃し、誰もが平等にチャンスを掴める社会を作るだろう。四年ぶりの総選挙で改めてそう思う。

Advice 以前から医療の地域格差は激しいと言われていた。しかしこの作文は、現実は想像以上に厳しいものだと実感させる。とても良い作文だ。

新聞内定

テーマ　日本の国際競争力

水

　ある日、外国人の友人と某牛丼店に入った。卓上の氷水の入ったポットが二重構造になっていることに感心したらしい。「さすが日本だな」と彼は言った。これによって結露を防ぎ、卓上が濡れることはない。日本人の細やかな気配りと、技術力が日常生活の中でも見受けられる。

　彼は、国内大手の化学メーカーで、東南アジア向けの営業を担当している。担当商品は、汚水を飲料用水にろ過できる特殊な膜だ。

　昨年、シンガポール政府は、国内で排出する排水から飲料水を作り出すプラントの建設を決めた。シンガポールは、水資源をマレーシアから買い取っている。リスク回避、コスト削減のために、プラント建設に踏み切ったようだ。

　当然、他の会社を含め日本国内の膜製造メーカーは、入札に前向きな姿勢を示した。現地プラント製造工場と手を組んで応募した。膜の性能では、彼の会社が世界トップである。この認識は、世界中どのメーカーももっている。しかし、契約に至ったのは、オランダの企業であった。

　なぜ、日本勢は負けてしまったのか。汚水浄化機能が最も優れた膜を作ったのは、日本のメーカーではなかったか。

　契約の最も重要な点は、性能の良さではなく、アフターケアだった。日本のメーカー案では、プラントのケアと膜のケアは別々の企業が担当することになる。一方で、オランダ企業は、多少性能が劣っても全てを自社で作っているため、対応窓口が一本化しているのだ。

　今日本の企業は、高い技術を生かして、海外に活路を見出そうとしている。しかし、高い技術力だけを武器にしていては、顧客のニーズとのミスマッチを起こしてしまう。このような例はほかでもよく聞く。技術力だけでは勝てないのだ。日本企業はメンテナンスなど相手の細かいニーズを把握すべきだ。

Advice　「日本の国際競争力」という大きいテーマながら、身近なところから入っていてわかりやすい。新聞の経済面などもよく読んでいます。

テーマ 憲法について　遊びにいった広島で

新聞内定

中学生の頃、日本史の教師が言ったことを今でも私はよく覚えている。「日本国憲法は、世界でももっともすばらしい憲法のうちのひとつだ」。その時私は、日本国憲法がどれほど素晴らしいのか理解が及ばなかった。けれど、憲法第九条について言えば、戦争の放棄をうたう日本国憲法が日本にとって、そして世界の他の国にとってどれだけ必要なことか、今は強く感じる。

大学二年の夏、私は友達とロックフェスティバルを見に広島へ行った。帰りのバスまで時間があったので、原爆資料館を訪れた。その時の衝撃は、今でも蘇ってくる。被爆者たちが身に着けていた洋服や時計、思い出の品など、実物を見ているうちに、原爆がいかに恐ろしく、二度とあってはならないかということを痛感させられた。遊びで出かけた広島での体験は、とてもショックなものとなった。

この体験に加え、アメリカの大学に留学した時に「二度と核兵器を使ってはならない」という思いを、世界に伝えていく義務が日本にあると感じた。驚いたのは、多くのアメリカ人が第二次世界大戦を、アメリカを繁栄に導いた「偉大なる戦争」ととらえていることだった。アメリカの歴史の中で奴隷だった黒人や移民で来たアジア人、そして敵国だった日本の広島や長崎での不幸な出来事は、アメリカ人にとっては関心が薄い。

アメリカは原爆を経験していない。だから、広島、長崎など日本人の被爆に対して、無頓着なのだと思う。きれいごとでもなんでもなく、日本は唯一の被爆国として世界に原爆の恐ろしさを伝えていくべきだ。

憲法は、ただの文章としてなぞるだけでは何の意味もない。安易に「改正すべき」とは言えない。大事なのは、どう解釈し、どう応用させていくかだと思う。たとえ「押し付け憲法」であっても、憲法九条のもつ意味は大きい。不幸な歴史の重みや「世界平和」への願いは忘れてはならない。

Advice　マスコミ系の論文や作文では社会性を求められる。公務員試験でも同様。「憲法」などの一般的な題は、自分の体験に絡ませれば説得力が出る。

テーマ ルール　修養行事

私は中高一貫の校則の厳しい進学校に通っていた。仏教系の学校であったため、毎朝般若心経を読み、「宗教」という科目の授業では瞑想を行った。「祭り」はキリスト教系で行うものであるという理屈で、文化祭は文化芸術の日と名付けられ、模擬店禁止の学内のみの行事が開催された。

そんな母校では、一風変わった行事があった。修養行事と言い、一年に一回、中一、高一学年は高野山へ、中二、高二学年は法隆寺に、中三、高三学年は伊勢神宮へ訪れる。創立者の信仰の原点の場所であるようだが、三年の学年のみなぜ神社なのかはいまだ謎である。

この行事の一番大変なことは、終日無言というルールである。バスの中も、お昼ご飯も無言で過ごし、唯一般若心経を唱える時のみ声を出せる。中一、高一学年の高野山は二泊三日で、他学年時は朝から夕方の日帰りのスケジュールで行われた。せっかく関西の有名観光スポットを訪れるにも関わらず会話ができないのは大変厳しい行事だと六年間思い続けていた。この行事の内容は、各お寺、神社内にいくつか存在するお参りスポットを巡り、般若心経を唱える。そして、最後には、「本殿」と呼ばれる大きな会場の中で、お坊さんの話を聞いたり、式典を見学させていただく。この式典中は、一時間正座で過ごさなければならないという修行的な要素もあるのだった。

どこも関西の有名スポットである。修学旅行生がどこもかしこもいる中で、無言で歩く集団が、立ち止まって般若心経を唱える様は、大変奇妙であったと思う。

こんな一風変わった行事は、普段の学校生活にも潜む。頭髪検査にひっかかったり、学校内でスマホを使用しているのが見つかると、写経をしなければならなかったのだ。

不思議なのは、この校則下で六年間も過ごすと、何の疑問も抱かずにルールに従うようになる。これも「住めば都」なのか。

Advice　一風変わった体験を、具体的な描写でまとめているため読ませる。担当者は面接で深掘りしたくなるだろう。文末の皮肉も効いている。

新聞内定

テーマ アメリカ　銃の存在

「このベッドの下に銃があるのを見つけたんだ」。友人のデニス君がベッドの下を指差しながら、得意げにそう言った。

私は小学校の二年間、アメリカのニュージャージー州に住んでいたことがある。親の仕事の都合だった。デニス君は黒人で、学校で偶然知り合った。

小学校五年生の時、デニス君に自宅で毎年行っているハロウィンパーティーに誘われた。彼の家はプール付きの広い一軒家だった。デニス君は部屋を案内してくれた。

私は親から、ハロウィンのときに日本人男子高校生が射殺された事件があったことを教えられていた。その男子高校生も、私と同じようにハロウィンパーティーに誘われていた。友人の家を訪れたつもりだったが、それは別人の家だった。それに気づかず家に入ろうとしたところ、不審者と勘違いされ、射殺された。英語の「フリーズ」(止まれ)を「プリーズ」と聞き間違えたのではないかといわれている。心配だからといって、結局私の母もハロウィンパーティーに参加した。

アメリカでの生活の中で、銃の存在を感じることは少なかった。当時同時多発テロの影響もあり、繁華街では銃を構えた警察官を多く見かけた。しかし、警察官が銃をかまえていることに対して、不思議と恐怖感はなかった。警察官が銃を持つことは当たり前だと思っていた。

だが、デニス君の家を訪れたその日、銃が小学生でも手に取れる位置にあることに私は驚いた。警察官でなくても、誰もが銃を使うことができる。私に銃の場所を教えてよかったのか。デニス君が銃をどれほど危険なものだと理解しているのか。私にはわからなかった。

アメリカでの銃乱射事件のニュースを聞くたびに、あの日の出来事を思い出す。銃規制に消極的なアメリカ政府。規則強化を求める市民の声に、もっと耳を傾けるべきだろう。

Advice　主張がわかりやすくてよい。具体的な実体験から生まれた主張は、この作文のようにエピソードを盛り込むと説得力が増す。

三題噺ジャンルの書き方のポイント

Point 三題噺はフィクションでかまわない。

三題噺は、作文とも論文とも違う。テーマも、たとえば「ぺたぺた・さすがにそれは・世界地図」「ユニクロ・侍・仕分け」といった形で出題される。

これらの三つの題を自分で組み合わせ、ひとつのストーリーをつくるものだ。ストーリーは**フィクションでもかまわない。**

自由に書くことのできる三題噺だが、そこには書き手の創作力、構成力、説得力、空想力、物事への視点などがすべて表れてしまう。採点者には、相手を知るための都合のいい題材というわけである。

とくにマスコミや広告代理店など、学生の企画や**発想のユニークさを見たい**という企業から出題されることが多い。だからマスコミ志望者は、必ず前もって訓練しておく必要がある。

Point とにかく面白く書く。

では、三題噺はどのように書いたらいいのだろうか。

それはとにかく面白さを狙ったほうがいい。面白さといってもさまざまだ。突飛な発想で面白くさせる場合もあるし、社会風刺や文明批判などを織り込んだブラックユーモア的な面白さもある。

このとき気をつけたいのが、デタラメは書かないようにすること。つまり論理を欠くなということだ。いくらフィクションといっても文章の流れに論理性がなければ、ストーリーにはならない。ただ強引に三つの題をつなげたにすぎなくなってしまう。

何を書いていいかまったくわからないと、何でも使えるSFや夢に話をもっていきがちだ。だが、SFや夢は論理を欠きやすいのでむやみに使うのは要注意である。

Point

三つの題のうちふたつに注目する。

与えられる言葉は三つだが、三つとも同じ比重で書くのは難しい。そこで、三つのうちふたつ、あるいはひとつに比重を置いて考えると発想がわきやすい。

三つの言葉のうち、ひとつがトピックス（話題性の高いもの）なら、その言葉に注目するのがもっとも書きやすいだろう。時事問題だけに、社会風刺を入れ込みやすいからである。

柱のストーリーが決まったら、残りの言葉は小道具として使えばいい。小道具ならいくらでもつけ足すことができる。

Point

出題傾向をつかんでおこう。

三題噺は、毎年どのようなテーマが出されるのかまったく見当がつかない。

だが企業によって、三つの言葉のうち必ずトピックスが入っているもの（たとえば「ＬＩＮＥ・ゴースト・おもてなし」）、またそれにことわざが含まれているもの（たとえば「ホワイト・鉄棒・温故知新」）など、ある一定の傾向はある。自分で三題噺の練習をするときには、この特徴を入れ込んだテーマを設定しよう。

テーマ　うなぎ・ロンドン・プリマベーラ

最後の姿は？

出版内定

目が覚めると、私はうなぎになっていた。黒光りした体は、日焼けオイルを塗ったようにテカテカしている。なんでこんなことに？

しばらく水槽の中を泳ぎまわっているうちに自分の状況が徐々につかめた。どうやら私が居るのはうなぎ屋。ホステス風の女がじろじろこちらを見ている。久しぶりに人に注目されている。少しうれしい。いやいやこんなことではいけない。このままでは他人に食われてしまう。さて、どうしよう。

そんな中、さきほどのホステスが近寄ってきた。

「ねえパパ、このうなぎ、ペットにするから買って」

命は助かった。けれどどうしてうなぎになんてなってしまったのだろう。おぼろげな記憶をたどっていくと、確か昨日は飲み会だった。そうだ、その場で変な男と飲み比べをしたんだ。そして負けた。で、その後は……。

ああそうだ、かけたのは私の残りの人生だった。冗談のつもりが。そういえば、奴のひげは奇妙に長かった……。奴はうなぎだったのか？

そうこうするうちに、ホステスの女の家に着いた。彼女は私をバケツに移して、かわいがってくれた。食事は三回、定時にくれる。みるみるうちに私は太っていった。あるときふと彼女がつぶやいた。「今度、ロンドンでうなぎの品評会があるから出てみる？」と。

どうやら、ロンドンではうなぎのペットブームがおきているらしい。体格もツヤもよい私は彼女のお気に入りだった。しばらくして、私は彼女と共にロンドンへ渡った。

彼女の私を見る目はいつになく優しい。品評会の結果はプリマベーラ賞、体格の良いうなぎに与えられる賞だ。賞品を受け取った彼女は笑顔で一杯だ。賞品は輪島塗の重箱らしい。受賞後のインタビューにも笑顔で答えていた。

「日本に帰ったら、この重箱で、このうなぎを食べます」

Advice　3つのテーマのうち、ひとつを主人公に見立てると書きやすくなる。最後のオチが効いていて面白い。

出版内定

テーマ プレミアム・売れ残った○○○・リサイクル

売れ残り万屋

もう三年かぁ。「売れ残り万屋」で働く哲夫は、我ながらよく続けて働いているなあと思った。まあ店長がいい人だし。

ちょうど三年前にプレミアムリサイクル法が施行されて、この店ができた。確か、環境汚染だとか労働人口が減りすぎたとかであの法律はできたんだっけ。中古品を使うと補助金が出るってんで、まあ店も儲かるんだけど。

哲夫はぼんやりと看板を眺める。

「おーい。店員さん耳あるの⁉」

真横で怒鳴り声がして哲夫は我に返った。

「申し訳ありません。何をお求めですか？」

奥から店長が駆け寄ってきた。

「売れ残った内臓ですか？　七十代の冷凍肝臓が一つですね。若い人のは人気ですから」

店長が頭を下げる。店長の趣味なのか、店には驚くほど沢山の「売れ残り」がある。売れ残りの弁当から、いつぞやは売れ残ったバンドマンなんてのもいたっけ。

哲夫は聞いてみることにした。

「そういえば、店長は何で売れ残りを集めているんですか？」

「哲夫君、何だって必要とされない物なんてないんだよ。必ず誰かの役に立てるんだ。僕はその橋渡しをしたいんだよ」。そう語る店長の横顔は、格好いいなあと哲夫は感心してしまった。店長は本当に優しい。色んなバイトをクビになって困っていたのを助けてくれたのも店長だ。「君にもきっと運命の仕事があるよ」って家まで手配してくれて……。

「僕も店長みたいになりたいです‼」

哲夫が声を張り上げると、店長は照れた素振りを見せながらもクスリと笑った。

またお客さんが入ってくる。

「いらっしゃいませ‼」

客が広告から哲夫に目を移した。店長がおもむろに哲夫を指さす。

「ええ。彼が『売れ残ったバイト』です。手厚く扱ってきたので値は張りますよ」

Advice　三題噺はアニメの主人公など架空のもので展開すると書きやすいが、このように完全なオリジナルでも、工夫すればオチの効いたものになる。

音楽会社 内定

テーマ　ガーデニング・モーターショー・やせ薬　どうして？

目が覚めると、私は草むらの中にいた。どこを見渡しても緑の葉だらけである。なんだか様子がおかしい。その葉は私の下ではなく上に見えるからだ。周りに見えるもの全てが普段より十倍以上大きく見える。どうやら私の体はとんでもなく小さくなってしまったようだ。

そこは、私の家のベランダだった。私が見た大きな葉は、ベランダで育てているハーブの葉だった。私の家族はガーデニングが趣味である。とくに私と妹はハーブが大好きで、とても大切に育てていた。

けれど、どうしてこんなに小さくなってしまったのだろう。おそらく昨日飲んだやせ薬が原因だ。私はモーターショーのイメージガールをやっている。体型を気にする余り、変な薬に手を出してしまったのだ。まさかこんなにも体重が軽くなってしまうとは。

一体これからどうすればいいのだろう。幸い、食べ物には不自由しなかった。大切に育てたハーブがあったからだ。妹と育てた甲斐があった。毎日水をやり、肥料を与え、これまで大事に扱ってきたのだ。少しでも虫が近寄るようなことがあれば、丁寧に取り除く。おかげで立派できれいなハーブが、私の家のベランダには豊富に咲いていた。

「これを食べていれば、当分はもつだろう」

ハーブの葉をちぎっては食べつつ、私はこれからどうするべきかを考えることにした。

ちょうどその時、ベランダのドアが開いた。

「あー今日もいい天気。ハーブに水やりでもしようかな」

妹だ。ハーブの手入れは朝することが日課になっていた。キラキラと日光を浴びながら、ハーブに、そして私の体に水が降り注ぐ。

「良かった、これで水が飲める」

精一杯伸びをする私の体に、ぬっと妹の手が近寄ってきた。

「また虫だ。もう、あっちへ行って！」と言って私をゴミ箱に捨ててしまった。

Advice　「カフカ」「ガリバー」の小説のように、自分をごく小さい人間にして展開している。三題噺は古典文学の引用でも書ける。オチも決まっている。

テーマ　津和野・ドラえもん・花粉症

芭蕉のお供

　二〇三〇年、ドラえもんは一抹の寂しさを感じていた。ドラえもんは余生の生きがいにと、俳句を始めることにした。しかし、思うような句が作れない。ドラえもんはタイムマシンに乗って、江戸時代に飛び、松尾芭蕉に師事することにした。

　ドラえもんは、芭蕉庵に赴き、「弟子にしてください」と教授を請い願った。芭蕉はちょうど、みちのくへ俳句行脚に出るところであった。ドラえもんは入門を許され、芭蕉の行脚にお供した。

　その道すがら、「ドラえもんよ、おぬしこんな名前じゃ句に添えるのが恥ずかしいじゃろう。私から俳号をやろう。そうじゃのう……、おぬしの体は空色をしておるから『曾良』でどうじゃ」。旅は順調に進み、平泉に着いた。芭蕉にも、この地は思い入れが深いらしく、ドラえもんにその感慨を語った。

　それは、芭蕉の竹馬の友の話であった。友は芭蕉とは違い、恰幅のいい男であった。その体格を生かし、武道を極め、江戸藩士になったという。元服のあと、久しぶりにその友と二人で旅行にきたのが、ここ平泉だそうだ。

「ここで私と彼は、将来の夢を語り、成功を願ったのじゃ……」

　しかし、武士としてこれからという時に、ある病が友を襲ったのだった。その病というのは花粉症であった。なんでも、ただのそれとは違うらしい。ブタクサ花粉である。友は夏がくるたびに、くしゃみ・鼻水・結膜炎を患った。そうなると、もう仕事どころではない。友は藩士をクビになり、今は津和野でつつましく暮らしているという。

　かつて隆盛を極めたものも、いつかは滅びる。ドラえもんは、栄枯盛衰の代名詞である平泉で、自分の境遇にも通ずるその話に涙した。

　ここで芭蕉が一句。

「夏草や　津和野の友が（兵どもが）夢の跡」

Advice　三題噺はオチが必要だ。それをうまくラストでダジャレ的に落としている。ドラえもんを登場させたので、架空の話とすぐわかる点もよい。

テーマ　宝くじ・無人島・トランプ

黄色いタコ

出版内定

宇宙研究員のタナカは、ある無人島に調査に出かけた。つい先日、ここに隕石が落下したのだ。落下地点にたどりつくと、そこには大きな石と、黄色いタコがいた。タナカはとりあえず、家でタコの面倒を見ることにした。

きっかけは偶然だった。「今日のデートうまく行くかなぁ」とタコに話しかけると、タコがその足を動かしたのだ。これはもしや…と思い、あいうえお表を見せてみると、なんと「いえす」と足を動かした。何年か前にニュースになった予知タコの再来かもしれないとタナカは喜んだ。

デートはうまくいった。その後もタコは、W杯優勝国やアメリカ大統領を次々と的中させた。しかも、このタコは今までと違った。イエス、ノーの二択ではなく、きちんと「トランプ」と文字を指し示すのだ。タナカは味をしめ、次は「宝くじのロト7の当選番号は？」と尋ねた。するとタコは、きちんと足を動かして数字を示したのだ。

タナカはそれから三回連続で宝くじを当てた。文字通り億万長者となったタナカは、付き合っていた彼女と結婚し、順風満帆な生活を送りはじめた。何をやっても成功するのだ。次は、このタコをビジネスに使おうと思った。そこで、遺伝子を研究し、黄色いタコを量産させることに成功した。

この幸せの黄色いタコは瞬く間に世界中に広がった。一年もしない内に、タコは一家に一匹、欠かせない存在になった。その日の朝ごはんや着替えはもちろん、結婚相手やこどもの名前もタコに付けてもらうようになった。そして次第に、スポーツや選挙といったことは、誰が勝つかが事前に分かる為、廃止となっていった。そうして人間達は考えることを放棄しはじめたのだ。

一方その頃、宇宙セールス界ではある商品が大ヒットしていた。「相手の星の思考能力を奪うタコ型ウイルス！今なら隕石付き！」

Advice　落語や講談によくでる左甚五郎は摩訶不思議な彫り物を作る。出版社などのクリエイティブ能力テストもその延長線上にある。発想とオチが良い。

テーマ PM2.5・LCC・メードインジャパン わしの仕事

出版内定

わしが日本に渡航したのは、今から三十年以上も前のことだ。もともとアメリカで広報活動をしていた。その活躍が認められて、日本支社への異動が決まった。

海外転勤が多かったので、ＬＣＣの格安チケットをよく利用していた。しかし本格的に日本の勤務が決定となり、もうあのオンボロ飛行機に乗らないで済むのは清々する。

さて、わしの業務内容を簡単に説明しよう。主な業務内容は自ら店頭に立ち、直接お客様に呼び込みをかける。一番のポイントは、自然な柔らかな笑みを浮かべることだ。わしは図体が大きいから、お客様に威圧感を与えないことが重要だ。

次のポイントとして、常に清潔でいることだ。飲食店で働く者として当然のことだ。しかし、最近の若者は全くなっとらん奴が多い。たとえば、赤と黄色の縞模様のツナギを着て、顔面を真っ白に塗りたくっている若者を見かけた。その上、妙な笑みでこちらをジッと見つめてきよった。不気味で仕方なかったわい。

その点、わしは真っ白なスーツとシャツでビシッと決めている。愛用のメガネはメードインジャパンで、常にピカピカに磨いている。とくに髪型にはこだわりがある。しっかりと整髪料で七三分けにしている。これがマダムには大うけで、うっとりとわしの頭を撫でてきたこともあるくらいだ。

そんなわしにも最近悩みがある。わしのトレードマークであるメガネを盗む不届者がいるのだ。とくに子供が多い。一向にやめる気配がないので、盗まれないように防犯カメラを設置したほどだ。

もう一つの悩みがＰＭ２・５だ。ほぼ一日中店頭に立っているわしにとって深刻な問題だ。黄砂や汚れた空気のせいで自慢のスーツが台無しだ。

以上がわしの仕事内容だ。辛いこともあるが、ケンタッキーフライドチキンのカーネルおじさんとして誇りをもって仕事をしている。

Advice 三題噺のひとつの手法である「擬人化」を使っている。「わし」はいったい誰なのか最後まで読まないとわからない。このオチは上手だ。

おわりに

「どうしたら小論文・作文はうまく書けるようになるのか?」

こんな言葉をよく耳にします。いちばん確実で近道なのは、とにかく「書いてみる」こと。そして人に読んでもらうことです。実際に書き出してみると、どの時点で手が止まってしまうのかがよくわかります。自分のことについて書くのは、意外に難しいということにも気づきます。人に読んでもらえば、「ひとりよがり」の小論文・作文を書かないようになるのです。

そしてもうひとついえるのは、就職活動をしている期間は、イコール「自分研究の期間」だということ。「いったい自分はどのような業界を志望しているのか?」「どんな職種に向いているのか?」、また「アピールできる点は自分のどこだろう?」など、自分自身を問いただすことの連続だからです。就職活動を行うには、まず「自分研究」ありき、ともいえるでしょう。

実は、小論文・作文にもこれと同じことがいえるのです。いくら書き方のコツやテクニックを覚えても、自分研究がしっかりなされていなければ、受かる小論文・作文は書けません。自分とはこういう人間なんだ、ということがわかっていてこそコツやテクニックは生きてくるのです。

つまり、受かる小論文・作文を書くために大事なことは、まずしっかり自分研究を行うことなのです。

就職活動を成功させるために本書が役立つことを祈ります。

尚、本書の制作にあたり、「阪東100本塾」主宰者の阪東恭一氏にご協力いただきました。内定マークのついた実例文は、内定を獲得した塾の生徒が実際に書いたものです。

●阪東100本塾

阪東恭一主宰。大学２～４年生向けの就職ゼミ。西早稲田、高田馬場、新大阪（関西校）で月～金曜（時期によって違う）の昼、夜などに実施。遠隔地の学生のためにLINEなどによる作文の合評やインタビュー訓練の授業も行っている。

東洋経済新報社、集英社、講談社、KADOKAWA、光文社、双葉社、秋田書店、主婦と生活社、NHK、フジテレビ、TBS、テレビ朝日、読売テレビ、関西テレビ、朝日新聞、読売新聞、共同通信、西日本新聞、北海道新聞、電通、ＪＲ東日本、ＪＴＢ、三菱重工、住友林業、三菱ＵＦＪ信託銀行、経済産業省、内閣府など過去34年間で986人の内定者を出している。

〈問い合わせ先〉

Ｅメール　info@banzemi.jp

ホームページ　検索エンジンのグーグルやヤフーなどで、「阪東100本塾」で検索できます。

■お問い合わせについて

● 本書の内容に関するお問い合わせは、**書名・発行年月日を必ず明記**のうえ、文書・メールにて下記にご連絡ください。電話によるお問い合わせは受け付けておりません。
● 本書の内容を超える質問にはお答えできませんので、あらかじめご了承ください。

本書の正誤情報などについてはこちらからご確認ください。

(https://www.shin-sei.co.jp/np/seigo.html)

● お問い合わせいただく前に上記アドレスのページにて、すでに掲載されている内容かどうかをご確認ください。
● 本書に関する質問受付は、2025年９月末までとさせていただきます。

●文　書：〒110-0016 東京都台東区台東2-24-10 (株)新星出版社 読者質問係
●お問い合わせフォーム：https://www.shin-sei.co.jp/np/contact-form3.html

2026年度版　受かる小論文・作文模範文例

2024年１月25日　初版発行

編　者　新星出版社編集部
発行者　富永靖弘
印刷所　今家印刷株式会社

発行所　東京都台東区台東２丁目24　株式会社　新星出版社
〒110－0016　☎03(3831)0743

ISBN978-4-405-02767-1